Vorwort

Gesetze auf dieser Welt haben manchmal die Eigenart ziemlich abwegig zu sein. Häufig sind sie in einer Zeit entstanden die mehr als 100 bis 150 Jahre zurück liegt, doch niemand kam bisher auf den Gedanken diese Gesetze zu streichen.

Aber einige sind auch neueren Datums und bringen uns zum Schmunzeln, insbesondere die Gesetzen die der Prüderie anderer Länder Ausdruck geben.

Manches Gesetz ist so absurd, das man es noch nicht einmal nachvollziehen kann, selbst wenn man sich 100 Jahre in der Zeit zurück versetzt.

Die Gesetzte sind nach den einzelnen Ländern sortiert und können natürlich den Gesetzestext nur in ungefährer Form wieder geben. Es ist hier nicht das Ziel einzelne Passagen aus Gesetzbüchern zu zitieren sondern Sie einfach nur zu unterhalten.

Da ich selbst kein Rechtsanwalt bin, kann ich für die Darstellung und die korrekte Wiedergabe der einzelnen Gesetze nicht meine Hand ins Feuer legen. Falls sich hier also irgendwelche "Fehler" eingeschlichen haben, sehen Sie mir das einfach nach. Schließlich will ich Ihre Lachmuskeln anregen und keine Rechtsberatung erteilen.

Freuen Sie sich auf die wohl größte Sammlung dieser Art zu diesem Thema.

Haben Sie Ihre Gesetzessammlung immer bei sich und tragen zu den großen Lachern bei Partys, Stammtisch, Familienfesten oder sonstigen Ereignissen bei. Da dieses Buch als Taschenbuch erscheint können Sie die Gesetzessammlung immer griffbereit haben. Das Buch ist auch als E-Book erhältlich, entweder für Ihrem E-Book Reader (Kindle), Ihr Handy, Tablett oder Notebook (mit entsprechendem App).

Florida, November 2011

Jack Young

ÄGYPTEN

Ein Gesetz im altertümlichen Ägypten besagte, dass einem Arzt beide Hände abgehackt werden müssten, wenn ein Patient während einer Operation stirbt.

AFGAHNISTAN

Diese Gesetze galten zur Zeit der Taliban Regierung

E-Mail - Verbot: Niemand in Afghanistan, weder Firmen, noch Behörden, Privatpersonen oder sonstige Einrichtungen, darf eine E-MAIL versenden oder empfangen! Ausnahme: Die Taliban-Zentrale (die sog. Regierung) in Kandahar.

Folgende Gegenstände sind in Afghanistan verboten: Schachfiguren, Spielkarten, Satellitenantennen, Fernseher

---

Frauen dürfen nicht Autofahren

Hindus müssen einen gelben Aufnäher an der Kleidung tragen, damit sie als Hindus erkennbar sind!

AUSTRALIEN

Das gesetzliche Mindestalter für Sex beträgt I6 Jahre. Es sei denn, die Person befindet sich in der Obhut einer älteren Person. Dann liegt das gesetzliche Mindestalter bei l8 Jahren.

Um ein Bündel Heu im Kofferraum zu befördern, ist ein Taxi erforderlich.

Die Regeln der „Australian Communications Authority" (ACA) besagen, dass ein Modem nicht sofort beim ersten Klingelton antworten darf. Dies wurde im Telecommunications Act l99I festgelegt. Sollte dies dennoch der Fall sein, ist die Genehmigung für Ihr Modem ungültig und die Strafe für das Benutzen eines nicht genehmigten Modems kann eine Summe von I2 000 kanadischen Dollar bedeuten.

Kein Autofahrer darf seine Autoschlüssel in einem unbeaufsichtigten Fahrzeug lassen.

Sex mit einem Känguru ist in Australien nur erlaubt, wenn man betrunken ist.

Eine lebenslange Strafe beträgt exakt 25 Jahre.

Auf offener Straße ist das Tragen von schwarzer Kleidung, Filzschuhen und schwarzer Schuhcreme im Gesicht strengstens verboten.
(Diese Eigenschaften sind die Erkennungszeichen für Katzenfänger.)

Kinder dürfen Zigaretten rauchen, aber keine Zigaretten kaufen.

Auf der rechten Seite eines Fußwegs zu laufen ist illegal.

Die Besitzer von Bars müssen die Pferde ihrer Kunden unterstellen, füttern und mit Wasser versorgen.

Victoria: Das wechseln einer Glühbirne ist nur ausgebildeten Elektrikern erlaubt. Zuwiderhandeln wird mit $ 10 bestraft.

Victoria: Ab Sonntagmittag dürfen keine grellen pinkfarbenen Hosen getragen werden.

Victoria: Wer am "Brighton Beach" schwimmen möchte, muss Badekleidung tragen die vom Hals bis zu den Knien reicht.

Tasmanien: Bis zu den Krawallen von "Port Arthur" (bei denen es auch Tote gab), war es erlaubt ein Maschinengewehr AK-47 besitzen. Schwul sein hingegen war verboten.

Ein altes tasmanisches Gesetz verlangt es von Witwen, den abgeschnittenen Penis ihres Mannes als Kette um den Hals zu tragen.

In Tasmanien ist es Männern verboten, in der Zeit zwischen Sonnenunter- und Sonnenaufgang Frauenkleider zu tragen. (Das aus dem Jahr 1935 stammende Gesetz wurde im November 2000 aufgehoben.).

BAHRAIN

In Bahrain dürfen männliche Gynäkologen die weiblichen Geschlechtsorgane nur mit Hilfe eines Spiegels behandeln. Das direkte Ansehen mit bloßen Augen ist verboten.

BHUTAN

Einem Gesetz in Bhutan zufolge darf ein jüngerer Bruder erst dann seine Unschuld verlieren, wenn sein älterer Bruder sie verloren hat. Noch darf er heiraten, bevor ein älterer Bruder geheiratet hat.

Wer in Buthan die Universität besuchen will, muss intelligent sein und dies nicht nur durch Zeugnisse und Zertifikate, sondern auch durch Aussagen von Familienmitgliedern und Lehrern schriftlich belegen.

Strengste Anti-Raucher-Gesetze: "Man findet überall Zigaretten, aber es ist gefährlich", sagt einer der Käufer, als er davoneilt. "Der Händler könnte ins Gefängnis kommen." Bis zu fünf Jahre Haft stehen in Bhutan auf den Verkauf oder Besitz von unverzolltem Tabak oder Zigaretten, das kleine Himalaya-Königreich hat die strengsten Rauchergesetze der Welt. So musste ein 23-jähriger Mönch als erstes Opfer der neuen Gesetze für drei Jahre in Haft, nachdem er mit unverzolltem Kautabak im Wert von umgerechnet 1,84 Euro erwischt worden war. Seither nahmen die Behörden mehr als 50 Menschen fest, darunter einen 81-Jährigen und ein 16-jährigen Jugendlichen. Die Gesetze richten sich nun vor allem gegen den Schmuggel, Verstöße werden drastisch geahndet. Zum privaten Gebrauch dürfen 200 Gramm Tabak und 200 Zigaretten pro Monat legal importiert werden, gegen eine Zollgebühr von bis zu 200 Prozent. Der Nachweis vom Zoll muss aufbewahrt werden.

BELGIEN

Wenn ein Autofahrer trotz Gegenverkehr wenden will oder muss, hat er solange Vorfahrt, bis er die Geschwindigkeit verringert oder anhält.

BRASILIEN

In Brasilien hat eine Frau ihren Ehemann verklagt, weil sie sexuell nicht auf ihre Kosten kommt. Ihr Mann sei so egoistisch, so die 31-jährige, dass er sich nach seiner sexuellen Erfüllung nicht mehr um ihre Bedürfnisse kümmere. Das Gericht gab der Klägerin aufgrund einer Verordnung des Landes Recht, wonach jeder Bürger ein „Recht auf sexuelle Erfüllung" habe.

CHINA

In China dürfen ertrinkende Menschen nicht gerettet werden, da nicht in ihrem Schicksal eingegriffen werden darf.

In Hongkong darf den geschwätzigen Schülern der Mund mit Pflastern zugeklebt werden.

Wenn man in der U-Bahn die Schuhe auf das gegenüberliegende Sitzpolster legt, kommt man für 9 Monate ins Gefängnis!

Chinesen, die nicht miteinander verheiratet sind, dürfen per Gesetz nicht zusammen leben. Mit diesem 2001 verabschiedeten Gesetz will die Regierung die gängige Praxis vieler Ehemänner unterbinden, zeitweise bei ihrer Geliebten zu wohnen.

Wer die Universität besuchen will, muss intelligent sein!

Hunde stehen in der chinesischen Metropole Schanghai Hausarrest. Einer polizeilichen Verordnung zufolge dürfen Hundebesitzer ihre Lieblinge in der Innenstadt nicht mehr an öffentlichen Plätzen, Parks und auf den Straßen Gassi gehen. Das Ausgehverbot bezieht sich auch auf sämtliche Grünflächen und Wege in geschlossenen Wohnvierteln. Hunde dürfen nur noch ausgeführt werden, wenn sie zur Anmeldung bei den zuständigen Behörden vorgestellt oder vom Tierarzt untersucht werden müssen. Frauchen und Herrchen sind angewiesen, ihre amtliche Zulassung zum Hundebesitz sichtbar an der Haustür anzubringen.

In China ist pro Familie nur ein Kind erlaubt. Wenn eine Familie mehr Kinder bekommt, muss sie dafür ein Bußgeld bezahlen.

In einer chinesischen Provinz, ist es unmöglich, sich scheiden zu lassen, wenn man sein Heiratszertifikat verloren hat. Huang heiratete Li 1999, und will sich seit 2004 scheiden lassen. Ihr Ehemann zerriss jedoch aus Wut sein eigenes Zertifikat, nachdem Huang ihm mitteilte, sich scheiden lassen zu wollen.
In dem Heiratsbüro kann man zudem kein Zertifikat der beiden mehr finden, der einzige Weg wäre nun, ein neues Zertifikat zu erstellen, doch dafür müsste ihr Mann mitkommen. Huangs Ehemann weigert sich jedoch zu helfen. Nach dem chinesischen Gesetz kann man nur zusammen, nicht aber individuell Registrierungskopien anfordern, berichtet „Chinese Business View".

Beijing: Fahrer von Motorbetriebenen Fahrzeugen können bestraft werden mit bis zu 5 Yuan oder erhalten eine Verwarnung, wenn Sie: An einem Fußgängerüberweg ANHALTEN! Artikel 40 der Beijing Verkehrsgesetze.

In der chinesischen Stadt Kanton ist Fahrradfahren verboten, Autofahren hingegen ist erlaubt. (Es gibt in Kanton nur wenige Autos, aber Millionen von Fahrrädern).

DÄNEMARK

Bevor Sie mit Ihrem Auto losfahren, müssen Sie:

1. Alle Lichter
2. Bremsen
3. Lenkung und
4. Die Hupe auf Funktion prüfen.

Weiterhin müssen Sie durch Sichtprüfung sicherstellen, dass sich kein Kind unter Ihrem Fahrzeug befindet.

Wenn Ihr Fahrzeug eine Panne hat und Sie es am Straßenrand abstellen müssen, muss das Fahrzeug durch ein reflektierendes Warndreieck abgesichert werden. Die Absicherung ist nur im Fall einer Panne erlaubt. Ansonsten nicht. (Stellt sich die Frage, ob Benzinmangel auch eine Panne ist?)

Das Entschlüsseln von Daten, der Besitz / Handel etc. von Entschlüsselungsprogrammen, oder das Programmieren von solchen Programmen in Bezug auf elektronische Medien ist verboten.
(Die Gesetzgebung erhofft sich damit Terrorismus, Rechts- oder Linksextremisten, Fundamentalisten und Kinderpornohändler bekämpfen zu können.)

Durch den Anbau eines Carports an irgendeinem Gebäude, erhöht sich der Wert der Immobilie um den 15,5 fachen Wert der Anbaukosten.

Wenn der Tod einer Person nicht bei den Behörden gemeldet wird, kostet das eine Strafe von 20 DKr.

In Dänemark ist das Hissten fremder Nationalflaggen verboten. In Dänemark darf also nur die dänische Fahne, die sogenannte Dannebrog, öffentlich aufgehängt werden

---

Der Versuch, aus dem Gefängnis auszubrechen, ist nicht strafbar. Falls ein Ausbrecher bei seinem Ausbruchsversuch ertappt wird, muss er die Fortführung seines Ausbruchs einstellen und wird zu einer Verlängerung der Haftzeit um die Zeitspanne verurteilt, die er zur Vorbereitung und Planung des Ausbruchsversuchs benötigte.

Damit ein stehendes von einem parkenden Fahrzeug unterschieden werden kann, müssen alle fahrenden Fahrzeuge die Lichter einschalten.

DEUTSCHLAND

Bei einer Wassertiefe von 1,5 Metern hat der Soldat selbstständig mit Schwimmbewegungen zu beginnen. (Aus der Zentralen Dienstvorschrift der Bundeswehr)

Beim erreichen der Baumkrone hat der Soldat mit Kletterbewegungen aufzuhören. (Aus der Zentralen Dienstvorschrift der Bundeswehr)

Das Zusatzschild "(Rollstuhlfahrersymbol) mit Parkausweis Nr. ..." nimmt Schwerbehinderte mit außergewöhnlicher Gehbehinderung und BLINDE, jeweils mit besonderem Parkausweis, vom Halteverbot aus. ... (§41 Abs. 2 Punkt 8 STVO Zeichen 286 – Eingeschränktes Halteverbot)

€ 5,- Bußgeld bekommt man wenn man seinen Hund aus dem Auto heraus Gassi zu führt. (Bundeseinheitlichem Tatbestandskatalog Straßenverkehrsordnungswidrigkeiten)

€ 10,- Bußgeld bekommt man für: Unnötiges Laufen lassen des Motors, Lärmbelästigung durch lautes Türenschlagen, Unnötig schnelles Beschleunigen beim Anfahren, mit quietschenden Reifen durch eine Kurve fahren.

€ 15,- Bußgeld bekommt man für: Quer parken. (Wenn die Reifen eines geparkten Autos quer zur Straße stehen)

€25,- Euro sind fällig, wer weniger als 40 km/h fährt, wenn 100 km/h erlaubt sind.

€ 40,- Nackt im Auto (stehend oder fahrend) ist NICHT verboten. ABER! Wer aussteigt befindet sich im öffentlichen Raum und verstößt gegen die öffentliche Ordnung.

Wussten Sie, dass Sie mit Ihrem Auto nicht unnütz hin- und herfahren dürfen? Nach §30 Abs. 1, S. 3, StVO ist das verboten.
(Wurde in der deutschen Kleinstadt Deggendorf bereits geahndet. Dort fuhr eine junge Frau nachts mit ihrem Freund zu einem Schnellrestaurant, holte sich einen Burger, fuhr anschließend zum Stadtplatz und eine weitere Runde durch die Stadt. Zu viel für die örtlichen Beamten, die der jungen Fahrerin sogleich ein Bußgeld von 20 Euro aufbrummten.)

Schräges Überqueren der Straße ist gesetzlich verboten.
(Der Grund: Wer gerade auf die andere Seite läuft, ist kürzer auf der Fahrbahn und vermindert somit das Risiko eines Zusammenstoßes. Bei Missachtung können Beamten 5,- Euro Bußgeld verlangen.)

Das Waschen des Autos an Sonn- und Feiertagen ist laut Feiertagsschutzgesetz verboten. (Laut Feiertagsschutzverordnung - FSchVO, 1. sind öffentlich bemerkbare Arbeiten an Sonn- und Feiertagen verboten Strafe: §2: € 20.-)

Nicht leicht haben es Fahrradfahrer. Sie müssen laut § 67 der Straßenverkehrs-Zulassungsverordnung von 1953 „das Brennen des Schlusslichts während der Fahrt ohne wesentliche Änderung der Kopf- oder Körperhaltung überwachen können".

In Helgoland ist das Radfahren ganz untersagt. (§50 der StVO (Straßenverkehrsordnung), Die Gemeindeväter wollen damit die Häufung von Fahrradunfällen auf den engen Straßen der knapp mehr als tausend Einwohner zählender Nordseeinsel verhindern. Polizei, Ärzte und Feuerwehr auf Dienstfahrt sind allerdings vom Verbot ausgenommen sind.)

Eine einmalige Zahlung wird für jeden Berechtigten nur einmal gewährt.

In den deutschen Bundesländern Baden-Württemberg u. Bayern dürfen am Gründonnerstag, am Karfreitag und am Ostersamstag, beziehungsweise Ostersonntag sowie an allen anderen gesetzlichen Feiertagen ganztägig keine Tanzverstaltungen durchgeführt werden.

Nach deutschem Recht wird ein Bienenschwarm herrenlos, wenn nicht der Eigentümer ihn unverzüglich verfolgt oder wenn der Eigentümer die Verfolgung aufgibt. Verfolgt ein Eigentümer seinen Bienenschwarm, so darf er bei der Verfolgung fremde Grundstücke betreten. (§961 f. BGB).

Wer als Deutscher Staatsbürger-in Deutschland- einen Handwerksbetrieb gründen möchte, braucht hierfür einen Meisterbrief. Wer aber als EU-Ausländer-in Deutschland- einen Handwerksbetrieb gründen will, braucht keinen! Dass wird durch das EU-Harmonisierungsgesetz geregelt.

---

§1300 des deutschen BGB (Beiwohnung) gestattet es Frauen, welche von ihren Verlobten verlassen werden, für den geleisteten Sex Schadensersatz zu verlangen, sofern sie in einer gemeinsamen Wohnung zusammengelebt haben. (Der § 1300 BGB wurde im Zuge des Gesetzes zur Neuordnung des Eheschließungsrechts am 4.5.1998 mit Wirkung zum 1.7.1998 aufgehoben)

In Deutschland ist es im gesamten Bundesgebiet verboten, gefangene Fische, die über dem Mindestmaß liegen, in das Gewässer zurückzusetzten.

Als sehr störend wird es außerdem empfunden, wenn Hunde ihr Geschäft auf fremden Privatgrundstücken hinterlassen. Leider darf man diesen aber - laut Gesetz - nicht so einfach entfernen. Dort heißt es nämlich: "Nach dem Abkoten bleibt der Kothaufen grundsätzlich eine selbstständige bewegliche Sache, er wird nicht durch Verbinden oder Vermischen untrennbarer Bestandteil des Wiesengrundstücks, der Eigentümer des Wiesengrundstücks erwirbt also nicht automatisch Eigentum am Hundekot." (Fallbeispiel der Deutschen Verwaltungspraxis)

Laut OWiG ist das werfen von kleinen Gegenständen bei Veranstaltungen, eine Belästigung der Allgemeinheit nach §118; Strafe: € 20.-

---

Benutzungsordnung für Toiletten in Sachsen-Anhalt
Gesetz- und Verordnungsblatt für das Land Sachsen-Anhalt, 4.Jahrgang, Magdeburg, den 01.April 1993, Nr. 15 (BoA)
§ 1 Definition Der Abort, umgangssprachlich auch Toilette genannt, besteht aus einem trichterförmigen Porzellanbecken zur Aufnahme der Exkremente mit einem klappbaren, auf dem Sitzrand angebrachten Sitzstück.
§ 2 Anwendungsbereich Diese Benutzungsordnung gilt für die Darmentleerung in allen Aborten in Behörden, Dienststellen und öffentlichen Gebäuden des Landes Sachsen-Anhalt
§ 3 Sitzgebot Die Toilette darf nur im Sitzen benutzt werden. Die stehende Benutzung ist nur an Urinalen erlaubt. Deren Benutzung ist in der Benutzungsordnung für Urinale (BoU) geregelt.
§ 4 Vorbereitungen Vor dem Hinsetzen auf das Sitzstück sind die Beinkleider bis zu den Knien herunter zu schieben.
§ 5 Sitzposition Der Benutzer setzt sich unter gleichzeitigem Anheben der Oberbekleidungsstücke so tief in die Hocke, bis das Gesäß in die Sitzaufnahme einrastet. Das Gewicht des Körpers ist gleichmäßig, gleichseitig verteilt, der Oberkörper leicht nach vorn geneigt. Die Ellenbogen ruhen auf dem Muskelfleisch der Oberschenkel, der Blick ist frei geradeaus gerichtet.
§ 6 Darmentleerung Unter ruhigem Ein- und Ausatmen drängt der Benutzer unter gleichmäßigem Anspannen der Bauchmuskulatur den Ausscheidungsreifen Inhalt des Mastdarms bei gleichzeitigem Entspannen des Afterschließmuskels in den dafür vorgesehenen Durchbruch des Porzellanbeckens. Die Äußerung von gutturalen Stimmlauten, umgangssprachlich auch Ächzen oder Stöhnen bezeichnet, ist auf das absolut notwendige Maß zu beschränken.
§ 7 Sichtkontrolle Nach beendeter Prozedur steht der Benutzer auf, macht eine Drehung um 180° nach links und nimmt eine Sichtkontrolle der Exkremente vor. Bei Auffälligkeiten ist eine Stuhlprobe sicherzustellen und an das nächstliegende Gesundheitsamt zu übersenden.
§ 8 Reinigung des Rektums Der dafür vorgesehenen Einrichtung sind Reinigungsfähnchen (14x10cm, einlagig) in ausreichender Stückzahl, höchstens

jedoch 5, zu entnehmen. Das Reinigungsfähnchen wird mit dem Daumen und Zeigefinger der rechten Hand erfasst und von hinten der Reinigungszone, das ist der Bereich zwischen den Gesäßbacken, zugeführt. Das Reinigungsfähnchen wird unmittelbar vor den äußeren Geschlechtsorganen fest an den Körper gedrückt und mit einer ziehenden Bewegung bis unmittelbar vor das Steißbein geführt. Dieser Vorgang wird solange wiederholt, bis mindestens ein Blatt sauber erscheint, sofern dazu nicht die Verwendung von mehr als 5 Reinigungsfähnchen erforderlich ist. Im Bedarfsfall sind die Reinigungsfähnchen beidseitig!!! zu benutzen. Die benutzten Reinigungsfähnchen dürfen nicht mitgenommen werden, sondern sind ebenfalls in das Porzellanbecken zu entsorgen.

§ 9 Reinigung des Aborts Nach Benutzung des Aborts ist zwingend die Spülung zu betätigen. Eine Delegierung dieser Tätigkeit an andere ist ausdrücklich verboten. Nach dem Spülvorgang verbleibende Exkrement Anhaftungen sind mit der dafür vorgesehenen Reinigungsbürste manuell zu entfernen.

§ 10 Verlassen des Aborts Vor dem Verlassen der Entleerungskabine sind die Beinkleider wieder in die Ausgangsposition zu bringen. Bei Auftreten unangenehmer Gerüche ist das Öffnen einer Lüftungsklappe angezeigt. Eine abschließende Reinigung der Handinnenflächen wird anheim gestellt.

§ 11 Inkrafttreten Diese Benutzungsordnung tritt am Tag nach ihrer Veröffentlichung in Kraft

---

In Deutschland müssen alle Büroangestellten einen Blick nach draußen haben.

Um sich im Büro zu bewegen, braucht jeder Beamte mindestens 1,50 qm.

Nach Paragraf 27 der Straßenverkehrsordnung ist es Wanderer Gruppen in Deutschland streng verboten ist, im Gleichschritt Brücken zu überqueren? (Das Gesetz sollte zu Kriegszeiten verhindern, dass Hundertschaften marschierender Soldaten versehentlich kleinere Brücken zum Einsturz bringen.)

Margarine im Sinne dieser Leitsätze ist Margarine im Sinne des Margarienengesetzes.

Es ist nicht möglich den Tod eines Steuerpflichtigen als dauernde Berufsunfähigkeit im Sinne von §16 Abs. 1 Satz 3 EStG zu werten und demgemäß den erhöhten Freibetrag abzuziehen.

"Eine einmalige Zahlung wird für jeden Berechtigten nur einmal gewährt." (Gesetz über die Anpassung von Versorgungsbezügen)

An sich nicht erstattbare Kosten des arbeitsgerichtlichen Verfahrens erster Instanz sind insoweit erstattbar, als durch sie erstattbare Kosten erspart bleiben.

"Ausfuhrbestimmungen sind Erklärungen zu den Erklärungen, mit denen man eine Erklärung erklärt." (Protokoll im Wirtschaftsministerium)

"Der Wertsack ist ein Beutel, der auf Grund seiner besonderen Verwendung nicht Wertbeutel, sondern Wertsack genannt wird, weil sein Inhalt aus mehreren Wertbeuteln besteht, die in den Wertsack nicht verbeutelt, sondern versackt werden." (Merkblatt der Deutschen Bundespost)

Im 18. Jahrhundert musste jeder Bürger von Hannover, der nicht jährlich eine Mindestanzahl Spatzen ablieferte, eine Spatzensteuer zahlen

---

Im 18. Jahrhundert musste jeder Bürger im pfälzischen Emmerzhausen eine Katzensteuer bezahlen.

Das Landesseilbahngesetz von Mecklenburg-Vorpommern regelt den Betrieb von Seilbahnen in dem Bundesland. (Es gibt keine einzige Seilbahn. Eine EU-Richtlinie hat das Gesetz trotzdem notwendig gemacht: Bei Nichteinführung hätten Strafen bis zu 791.000 Euro täglich gedroht!)

---

§ 1314 II BGB: Eine Ehe kann aufgehoben werden, wenn
1. ein Ehegatte sich bei der Eheschließung im Zustand der Bewusstlosigkeit befand;
2. ein Ehegatte bei der Eheschließung nicht gewusst hat, dass es sich um eine Eheschließung handelt;

Gesetz aus der ehemaligen DDR. In Diskotheken dürfen nur 30% der gespielten Titel aus dem „kapitalistischen“ Ausland sein.

In Deutschland ist übrigens die Auslösung einer Nuklearexplosion verboten - bei Nichtbeachtung sind eine Geldstrafe oder 5 Jahre Gefängnis angedroht (§ 328 Unerlaubter Umgang mit radioaktiven Stoffen und anderen gefährlichen Stoffen und Gütern)

In Deutschland ist es verboten, mit einer Pappnase, einem falschen Bart oder einem bemalten Gesicht an einer öffentlichen Versammlung und Aufzügen teilzunehmen. Ein Verstoß gegen dieses Vermummungsverbot kann Sie für 12 Monate ins Gefängnis bringen oder Sie eine Geldstrafe kosten.

Von April bis September dürfen Mieter einmal monatlich auf dem Balkon oder der Terrasse grillen. Allerdings muss eine nachbarschaftliche Ankündigung 48 Stunden vorher stattfinden. (AG Bonn 6 C 545/96).

Lärm im Treppenhaus berechtigt zur Mietminderung. Diese müssen Sie aber wegen unzureichender Schallschutzisolierung schnell beantragen. Denn: Zahlen Sie erst mal die Miete ohne Beschwerde in voller Höhe weiter, dann können Sie nach sechs Monaten die Miete nicht mehr mindern. (OLG Frankfurt/Main 16 U 56/99 WM 2000, 116).

Mietminderung kann auch beantragt werden, wenn die Bauarbeiter-Kolonne auf der Großbaustelle vor ihrer Haustür starken Schmutz, Gestank oder Lärm verursacht.
Die Miete kann umfassend gemindert werden. (LG Hamburg 333 S 13/01 WM 2001, 444).

Wenn sich ein Garagentor nur mit erheblicher Geräuschentwicklung öffnen und schließen lässt, darf die Garage nachts nicht benutzt werden. Zwischen 22 Uhr und 6 Uhr morgens müssen Sie Ihr Auto dann also wegen der Nachtruhe der Nachbarn im Freien stehen lassen. (OLG Düsseldorf, Az. 5 Ss (Owi) 56/91).

Eisenbahnkreuzungsgestz:
§ 1 II: Kreuzungen sind entweder höhengleich oder nicht höhengleich.
§ 1 III: Eisenbahnen im Sinne dieses Gesetzes sind die Eisenbahnen, die dem öffentlichen Verkehr dienen, sowie die Eisenbahnen, die nicht dem öffentlichen Verkehr dienen, ...

Wer überholt wird, darf seine Geschwindigkeit nicht erhöhen. Der Führer eines langsameren Fahrzeugs muss seine Geschwindigkeit an geeigneter Stelle ermäßigen, notfalls warten, wenn nur so mehreren unmittelbar folgenden Fahrzeugen das Überholen möglich ist. Hierzu können auch geeignete Seitenstreifen in Anspruch genommen werden. (§5 Stvo)

Wer den „Höhepunkt“ des Tages lautstark genießen will, sollte es abends nicht zu spät werden lassen. So entschied jetzt ein deutsches Amtsgericht und wies die Beklagten darauf hin, dass „lautes Stöhnen beim Sexualverkehr eine unzumutbare Belästigung der Nachbarn“ sei, zumindest zwischen 22 Uhr und 6 Uhr in der Früh'.

---

§ 26 Landesreisekostengesetz NRW: Stirbt ein Beamter während der Dienstreise, so ist die Dienstreise beendet.

In Artikel 21 der Verfassung des Bundeslandes Hessen vom 1. Dezember I946 findet sich auch heute noch die Möglichkeit, einen Delinquenten zum Tode zu verurteilen.
Gesetzliche Strafen
(1) Ist jemand einer strafbaren Handlung für schuldig befunden worden, so können ihm auf Grund der Strafgesetze durch richterliches Urteil die Freiheit und die bürgerlichen Ehrenrechte entzogen oder beschränkt werden. Bei besonders schweren Verbrechen KANN ER ZUM TODE VERURTEILT WERDEN.
(2) Die Strafe richtet sich nach der Schwere der Tat.
(3) Alle Gefangenen sind menschlich zu behandeln.
Das Grundgesetzes sieht jedoch die Abschaffung der Todesstrafe vor: "Die Todesstrafe ist abgeschafft." (Grundgesetz der Bundesrepublik Deutschland, Art. 102). "Bundesrecht bricht Landesrecht." Grundgesetz der Bundesrepublik Deutschland, Art. 31.
Wie bereits im Kommentar (Bundesrecht bricht Landesrecht) festgestellt wurde, ist das Gesetz somit rechtlich ungültig. Aber es EXISTIERT dennoch in der hessischen Verfassung!

Zur Erbschaftssteuer: Dort heißt es (gekürzt) wörtlich im §1:
(1) Der Erbschaftsteuer (Schenkungsteuer) unterliegen ...
2. die Schenkungen unter LEBENDEN;
(2) Soweit nichts anderes bestimmt ist, gelten die Vorschriften dieses Gesetzes ... auch für Zweckzuwendungen unter Lebenden.

"Die Fürsorge umfasst den lebenden Menschen einschließlich der Abwicklung des gelebt habenden Menschen." (Vorschrift Kriegsgräberfürsorge)

"Gewürzmischungen sind Mischungen von Gewürzen." (Deutsches Lebensmittelbuch)

"Persönliche Angaben zum Antrag sind freiwillig. Allerdings kann der Antrag ohne die persönlichen Angaben nicht weiter bearbeitet werden." (Formular in Postgirodienst)

Kein Gesetz, aber ein Urteil: eine schöne, wenn auch ein bisschen verrückte Antwort auf die Frage, was eine "Eisenbahn" im Sinne des § 1 HaftpflG ist, lieferte das Reichgericht am 17.3.1879, RGZ 1, 247: "[Eine Eisenbahn ist] ein Unternehmen, gerichtet auf wiederholte Fortbewegung von Personen oder Sachen über nicht ganz unbedeutende Raumstrecken auf metallener Grundlage, welche durch ihre Konsistenz, Konstruktion und Glätte den Transport großer Gewichtsmassen beziehungsweise die Erzielung einer verhältnismäßig bedeutenden Schnelligkeit der Transportbewegung zu ermöglichen bestimmt ist, und durch diese Eigenart in Verbindung mit den außerdem zur Erzeugung der Transportbewegung benutzten Naturkräften (Dampf, Elektrizität, tierischer oder menschlicher Muskeltätigkeit, bei geneigter Ebene der Bahn auch schon der eigenen Schwere der Transportgefäße und deren Laden usw.) bei dem Betriebe des Unternehmens auf derselben eine verhältnismäßig gewaltige (je nach den Umständen nur in bezweckter Weise nützliche, oder auch Menschenleben vernichtende und die menschliche Gesundheit verletzende) Wirkung zu erzeugen fähig ist."

---

§ 411 BGB Gehaltsabtretung: Tritt eine Militärperson, ein Beamter, ein Geistlicher oder ein Lehrer an einer öffentlichen Unterrichtsanstalt den übertragbaren Teil des Diensteinkommens, des Wartegelds oder des Ruhegehalts ab, so ist die auszahlende Kasse durch Aushändigung einer von dem bisherigen Gläubiger ausgestellten, öffentlich oder amtlich beglaubigten Urkunde von der Abtretung zu benachrichtigen.

---

§ 14 I 2 BundeswaldG: Das Radfahren, das Fahren mit Krankenfahrstühlen und das Reiten im Walde ist nur auf Straßen und Wegen gestattet

---

Biersteuergesetz §8: Abgefülltes Bier muss übersichtlich gelagert werden.

Bundeswehrverwaltung: Unterrichtsblättern besagen: Der Tod stellt aus versorgungsrechtlicher Sicht „stellt die stärkste Form der Dienstunfähigkeit“ dar.

Ein Ehemann hat in der Regel seinen Wohnsitz dort, wo sich seine Familie befindet, legte der Bundesgerichtshof höchstamtlich fest.

Ein Verschollener hat seinen Wohnsitz bei der Ehefrau, befand ein Finanzgericht.

Die Bundesagentur für Arbeit formuliert in einer exzellenten Betrachtung in einer Broschüre zum Kindergeld: „Welches Kind erstes, zweites, drittes usw. ist, richtet sich nach dem Alter der Kinder. Das älteste ist also das erste Kind. Das Zweitälteste das zweite Kind usw."

Besteht ein Personalrat aus einer Person, erübrigt sich die Trennung nach Geschlechtern.
(Soll heißen, dass nur eine Toilette benötigt wird. (lnformationsschrift des Deutschen Lehrer Verbandes Hessen))

So legt das „Gesetz über die Anpassung von Versorgungsbezügen" fest, dass es ist nicht möglich ist, den Tod eines Steuerpflichtigen als „dauernde Berufsunfähigkeit" im Sinne von § 16 Abs.l Satz 3 EStG (Einkommensteuergesetz) zu werten und demnach den erhöhten Freibetrag abzuziehen.

In Deggendorf zog ein Bauer den in einen Straßengraben geratenen Wagen eines Touristen heraus. Das Finanzamt schickte ihm einen Bußgeldbescheid über 29,- Euro. Begründung: „Missbräuchliche Benutzung einer steuerlich befreiten landwirtschaftlichen Zugmaschine, pro Kilo Traktorgewicht 0,5 Cent".

Was ist eine Parkscheibe? In § I3 StVO wird vorgeschrieben, dass sie elf Zentimeter breit und I5 Zentimeter hoch sein muss. Außerdem hat sie blau zu sein. Die Uhrzeitangabe muss in 24 Stunden-Format möglich sein. Auf ihrer Vorderseite sind keine Aufdrucke von Werbungen oder Ähnliches erlaubt, auf der Rückseite sehr wohl, da auch die StVO „weiß", dass Parkscheiben oft als nützliche Geschenke der Unternehmen und Parteien dienen. Wo die Parkscheibe, mit der der Fahrer eines Kraftfahrzeugs anzeigt, wann er sein Auto an einem bestimmten Platz abgestellt hat, im Wagen zu liegen hat, ist nicht eindeutig festgelegt.

Die politische Staatsform der Bundesrepublik Deutschland die Demokratie. Es gibt keinen Kaiser, König, oder sonstige Durchlauchten Jedoch existiert auch in der postmodernen Epoche das Delikt der Majestätsbeleidigung im Deutschen Strafgesetzbuch. Dort, in § 90, steht auf die Verunglimpfung des Bundespräsidenten eine Freiheitsstrafe von drei Monaten bis zu fünf Jahren: § 90 Verunglimpfung des Bundespräsidenten.

DUBAI

Egal wie verliebt man ist, leider dürfen Pärchen in Dubai sich überhaupt nicht ansehen lassen, dass sie verliebt sind. Händchenhalten, Schmusen sowie Küssen in der Öffentlichkeit ist tabu.

Auch die stachelige Durian-Frucht kann Ärger bereiten. Ihr Markenzeichen ist der unerträglich starke Geruch. Deshalb hat man sie von vielen öffentlichen

Plätzen Südostasiens schlichtweg verbannt. Deshalb sollte man bitte auch keine Durian mit ins Hotel bringen.

EL SALVADOR

In San Salvador ist es wie überall verboten, unter Alkoholeinfluss ein Fahrzeug zu führen. Die Strafe dafür ist aber sehr hart: Erschießung durch ein Exekutionskommando ist zulässig.

FRANKREICH

Zwischen 08:00h und 20:00h muss mindestens 70% der im französischen Radio gespielten Musik von französischen Interpreten sein.

In französischen Zügen ist das Küssen verboten.

Es ist verboten, sich auf Bahnübergängen zu küssen.

Es ist gesetzlich verboten, einem Schwein den Namen 'Napoleon' zu geben.

1785 erließ der französische König Ludwig XVI. ein Dekret, in dem festgelegt wurde, dass innerhalb der Grenzen seines Reiches die Länge eines Taschentuches gleich seiner Breite zu sein habe. Bewirkt hatte diesen Erlass seine Gemahlin Marie Antoinette, die Anstoß an der Vielzahl unterschiedlich geformter Taschentücher genommen hatte. Die Königin hatte Sinn für Details. So soll sie auf die Nachricht eines Bediensteten, das Volk habe kein Brot zu essen, geantwortet haben: „Dann soll es doch Kuchen essen!

Paris: gilt ein Aschenbecher als tödliche Waffe.

Paris: Ist das Küssen im Bahnhof Gare du Nord und im Zug seit dem Jahr 1910 verboten

---

Antibes: Es ist verboten, französische Polizisten oder Polizeifahrzeuge zu fotografieren. Selbst wenn diese nur im Hintergrund zu erkennen sind. Dieses Gesetz gilt auch, wenn sie sich nur im Bildhintergrund befinden.

Im September 2000 hat die Gemeinde Le Lavandou an der Cote d'Azur ihren Bewohnern das Sterben verboten.
(Grund für diese Verordnung war die Überfüllung des lokalen Totenackers, sterben durfte nur noch, wer einen bereits reservierten Platz auf dem Friedhof vorweisen konnte. Es ist ein absurdes Gesetz, das wegen einer absurden Situation erlassen wurde", so der Bürgermeister der Gemeinde. Auf Veranlas-

sung von Umweltschützern wurde es der Gemeinde per Gerichtsbeschluss verboten, einen neuen Friedhof in Meeresnähe anzulegen. Als Alternativstandort wurde ein Steinbruch vorgeschlagen, was wiederum den Bürgermeister aufregte. Nachdem bereits 19 Leichen "zwischengelagert" werden mussten, wurde die Verordnung erlassen, die das Sterben verbot.)

GRENADA

Auf der Insel Grenada sollte man stets „zivil" gekleidet sein. Wer mit Badehose oder Bikini in ein Shoppingcenter geht, dem droht ein Bußgeld von bis zu 200 Euro.

GRIECHENLAND

Ein Gesetz im alten Sparta regelte, dass jeder Junggeselle über 30 nicht mehr wählen und nicht mehr an den damals populären Nacktparties teilnehmen durfte.

Es ist verboten, in der Öffentlichkeit Videospiele zu spielen. Das Gesetz schließt Spiele auf Handys und Game Boys mit ein. Verstöße können mit bis zu €75.000 Geldstrafe oder 12 Monate Haft geahndet werden.
(2002 verbot die griechische Regierung das Spielen an 'elektrischen, elektrisch-mechanischen und elektronischen Geräten' in der Öffentlichkeit, um so die Spielsucht der Griechen einzudämmen. Noch im selben Jahr wurde das Gesetz wieder aufgehoben.)

Küsst ein Mann eine Frau in der Öffentlichkeit, kann er mit der Todesstrafe rechnen.

Im Dezember 2010 wurde ein Gesetz erlassen, das es verbietet im Auto oder jeder anderem Kraftfahrzeug zu rauchen, wenn Kinder unter 12 mit an Bord sind. Jeder der in einem privaten Fahrzeug raucht, egal ob er der Fahrer oder nur Beifahrer ist, riskiert ein Bußgeld von 1500 Euro. Wenn es sich bei dem Fahrzeug um öffentliche Fahrzeuge, wie Busse oder Taxen, handelt, kann sich das Bußgeld auf 3000 Euro erhöhen. Außerdem kann der Fahrer seinen Führerschein für mindestens einen Monat verlieren, egal ob er selbst geraucht hat oder nicht.

GROSSBRITANNIEN

Es ist verboten in Lokalen, Bars oder Restaurants betrunken zu sein.

In Großbritannien existiert seit 1934 ein Gesetz, das das Ungeheuer von Loch Ness, für den Fall, dass es existiert, unter Naturschutz stellt.

Außer Karotten dürfen an Sonntagen die meisten Lebensmittel nicht verkauft werden. (Das Gesetz wurde aufgehoben)

Alle Englischen Männer ab 14 Jahren müssen sich ungefähr 2 Stunden pro Woche von einem Geistlichen in der Handhabung von Pfeil und Bogen unterweisen lassen.

Jeder Londoner Taxifahrer ist per Gesetz dazu verpflichtet, im Heck seines Fahrzeuges einen Heuballen und Hafer aufzubewahren.
(Als dieses Gesetz verabschiedet wurde, wurden die Londoner Droschken noch von Pferden gezogen. Bis heute wurde es noch nicht zurückgenommen.)

Britischen Taxifahrern ist es auf allen öffentlichen Straßen verboten, ihr Fahrzeug zu verlassen. Sollte ein natürliches Bedürfnis das jedoch erfordern, so dürfen sie laut Gesetz gegen das Heck ihres Fahrzeuges urinieren, solange sich dabei eine Hand am Fahrzeug befindet.

Wenn sich in einem Haus noch weitere Personen befinden, dürfen 2 Männer nicht miteinander Sex haben.

Bettwäsche darf nicht aus dem Fenster gehängt werden.

In öffentlichen Verkehrsmitteln ist es Frauen verboten, Schokolade zu essen.

Minzpastete darf an Weihnachten nicht gegessen werden.

Ein Junge der noch keine 10 Jahre alt ist, darf keine nackte Schaufensterpuppe sehen.

Sie dürfen Ihr Gepäck nicht unbeaufsichtigt lassen. Das Mitnehmen von unbeaufsichtigtem Gepäck ist eine terroristische Handlung.

Wer ein TV-Gerät benutzen möchte, muss vorher eine Erlaubnis kaufen.

Mitglieder des Parlaments dürfen das Parlament nicht in einer Rüstung betreten.

Wenn Dampflokomotiven auf der Straße fahren, muss tagsüber jemand vorausgehen und eine rote Fahne schwenken. Nachts muss eine rote Laterne zur Warnung geschwenkt werden.

1647 wurde in England Weihnachten gesetzlich abgeschafft.

Alle Dampflokomotiven dürfen nicht schneller als 4 mph auf den Straßen fahren.

Bis zum Jahre I997 war Analsex generell verboten und konnte hart bestraft werden.

Männer dürfen in der Öffentlichkeit urinieren, solange es am Hinterreifen des eigenen Autos passiert und die rechte Hand auf dem Auto ist.

Jemand zu lehren, wie man sich selbst tötet, ist ein Kapitalverbrechen. (Das Gesetz wurde aufgehoben)

Eine Briefmarke, die die Königin oder den König abbildet, darf nicht kopfüber aufgeklebt werden, da dies sonst als Verrat betrachtet wird.

In Pubs ist es verboten, dass Männer Frauen um Sex bitten. Dies ist ein „nationales Ärgernis“. Strafe: bis zu 180,- Euro oder drei Monate Gefängnis

---

In Cambridge ist es verboten, auf der Straße Tennis zu spielen.

In Großbritannien sind ausgestellte Strafmandate wegen falschen Parkens nur dann gültig, wenn der Parküberwacher bei der Knöllchenerteilung eine Uniformmütze trägt.
(Strafmandate dürfen in Großbritannien nur von Parküberwachern ausgestellt werden, die Uniform tragen. Dazu gehört auch die Mütze. Diese darf zwar bei großer Hitze abgenommen werden, muss aber beim Ausschreiben des Knöllchens wieder auf dem Kopf sein. 2002 klagte ein Autofahrer aus Brighton, weil er beobachtete, wie eine Politesse ohne Mütze ein Knöllchen an seine Windschutzscheibe heftete.)

Wenn Sie eine fremde Frau um einen One Night Stand bitten, können Sie im besten Fall zu einer Geldstrafe verklagt werden oder müssen im schlimmsten Fall mit einem Freiheitsentzug von bis zu drei Monaten rechnen.

Als Verräter kann auch hingerichtet werden, wer in Großbritannien eine Münze verunstaltet.

Es ist verboten, im Londoner Westminster Palast zu sterben.
(Da der heutige Sitz des Parlaments einst eine Königsresidenz war, steht jedem dort Verstorbenen ein Staatsbegräbnis zu. Wer sich dem Gesetz wiedersetzt und illegal verstirbt, wird rasch aus dem Gebäude entfernt, damit die

Sterbeurkunde draußen ausgestellt werden kann und sich die englische Krone die hohen Kosten eines Staatsbegräbnisses erspart.)

Das Sterben im Unterhaus Großbritanniens ist auch untersagt.

Es ist verboten, betrunken zu reiten. Sowohl auf Pferden als auch auf Kühen.

Der „Outer Space Act“ von 1986 verbietet jedem britischen Bürger, ohne offizielle Genehmigung Gegenstände in den Weltraum zu katapultieren. Richtern gesteht die Gesetzgebung zudem zu, Gewalt anzuordnen, um eine extraterrestrische Invasion abzuwehren.

London: Bis zum 17. Jahrhundert war es einem Mann verboten, seine Frau nach 21 Uhr zu schlagen.
(Dieses Gesetz sollte dazu beitragen, die hohe Zahl der nächtlichen Ruhestörungen in London zu verringern.)

London: Es ist verboten ein Taxi zu rufen, wenn man die Pest hat.

London: Nach dem „Town Police Clauses Act" von 1872 ist es verboten, Wäsche auf der Straße auszubreiten.

Chester: Waliser dürfen nur innerhalb der Stadtmauern und nach Mitternacht mit Pfeil und Bogen erschossen werden.

Hereford: Waliser dürfen an Sonntagen im Hof der Kathedrale nicht mit dem Bogen beschossen werden.

Liverpool: In der Öffentlichkeit dürfen sich Frauen nicht "Oben Ohne" zeigen, außer sie sind Bedienung in einem Laden für tropische Fische.

Liverpool: Es ist verboten, eine weibliche Schaufensterpuppe im Schaufenster zu be- bzw. entkleiden, da Kinder Zeugen dieses Schauspiels werden könnten.

Liverpool: Kindern ist es untersagt, unter die Kleidung einer Schaufensterpuppe zu schauen. Tun sie es trotzdem, können ihre Eltern dafür bestraft werden.

York: Außer Sonntags ist es absolut legal, einen Schotten, nach Sonnenuntergang, mit dem Pfeil und Bogen zu erschießen.
(Dieses Gesetz wurde zu Lebzeiten des schottischen Nationalhelden William Wallace erlassen. Man befürchtete, dass dieser eines Tages die Stadt einnehmen und plündern könnte.)

London: Ist es verboten Sex auf einem abgestellten Motorrad zu haben.

Kanalinsel Sark: Es ist Ehemännern durch die Verfassung erlaubt, ihre Ehefrauen mit einem Stock zu schlagen, wenn der Stock nicht dicker als ein Finger ist und kein Blut spritzt.

Kanalinsel Sark: Eine Ehescheidung nur möglich, wenn einer der Ehepartner die Insel für ein Jahr verlässt.

Kanalinsel Sark: Es ist verboten, Grundbesitz an Töchter zu vererben. Nur Söhne sind erbberechtigt.
(Dieses Gesetz wurde 1999 von der Regierung der von 600 Menschen bewohnten Insel aufgehoben, um einer Klage vor dem Europäischen Gerichtshof zuvorzukommen. Das Verbot der Ehescheidung und die Verbannung von Autos blieben jedoch weiterhin bestehen.)

Maldon, Essex: Und in der engl. Grafschaft Northumbria ist es verboten, einen Wurm als Angelköder auszugraben.

Leicester: Es ist Juden verboten ein Haus zu bewohnen oder zu kaufen.
(2001 hat die Stadtregierung von Leicester formell auf die knapp vor 800 Jahren in ihrer Satzung festgeschriebene Verbannung von Juden verzichtet. Das Aufenthaltsverbot ging auf den Grafen von Leicester, Simon de Montfort, zurück, der im Jahr 1231 allen Juden verbot, sich in seiner Stadt niederzulassen. Mit dem Verzicht ist die Satzung jedoch rechtlich nicht aufgehoben.)

Widnes in Cheshire: Jeder, der in der Bibliothek einschläft, muss zur Strafe £5 entrichten.

In Schottland ist man so lange schuldig, bis die Unschuld bewiesen ist!
(Interessant! Also sind die Schotten von Rechts wegen kriminell!)

In Schottland ist es illegal, betrunken zu sein, wenn man in Besitz einer Kuh ist.

In Schottland ist man sehr menschenfreundlich. Bittet ein Fremder darum die Toilette zu benutzen, muss man ihm das, laut Gesetz, erlauben.

INDONESIEN

In Indonesien müssen sich Frauen, die in die Armee eintreten wollen, sich einem Jungfräulichkeitstest unterziehen.

IRAK

Im Irak ist es gesetzlich verboten, an Sonntagen Schlangen zu verspeisen.

IRAN

Wer im Iran sein Bier im Bus trinken will, sollte aufpassen, es herrscht absolutes Alkoholverbot. Konsumenten als auch Verkäufern drohen beim Verstoß sogar Peitschenhiebe.

Die Homosexualität ist im Iran strengstens verboten. Für eine Verurteilung reicht es bereits, sobald zwei Männer nackt unter einer Bettdecke ertappt werden. Jetzt kommt die Qual der Wahl der Verurteilungen, leider alles nur Todesarten: Erhängen, Steinigen, Halbierung durch das Schwert oder Herunterstoßen aus großer Höhe.

IRLAND

Wer im altertümlichen Irland einen Haselstrauch oder einen Apfelbaum fällte, wurde mit dem Tode bestraft. Diese Gewächse galten als heilig.

In Irland muss man 25 000 Euro Strafe bei Gotteslästerung, laut einem neuen Gesetz, zahlen.

ISRAEL

Zum Fahrradfahren wird eine Lizenz benötigt. (Das Gesetz wurde vor kurzem aufgehoben)

Wenn ein Schwein israelischen Acker aufwirft (rumwühlt), wird es getötet.

Hatte ein Radiosender in Israel es geschafft 5 Jahre illegal betrieben zu werden, gilt er danach als legal.

Das Anschauen von Sexfilmen in Hotels ist strafbar. Wer erwischt wird, kann bis zu drei Jahre im Gefängnis landen.

Das Züchten von Schweinen ist in Israel unter Strafe gestellt. Wer erwischt wird, muss das Tier laut Gesetz töten.

Samstags ist das Ausdrücken von Pickeln auf der Nase verboten.

Ramat-Hasharon: Die Zucht von Rottweiler-Hunden ist verboten.

In Israel gibt es für einen Mann namens Cohen keinen legalen Weg, eine geschiedene Frau zu heiraten.

Arad: Das Füttern von Tieren in der Öffentlichkeit ist verboten.

Arad: Eine mobile Sterilisationsklinik zu betreiben ist ein Verstoß. Es wird als Hausieren betrachtet.

Haifa: Bären dürfen nicht an den Strand mitgenommen werden und im Meer zu baden.

Kiriat Motzkin: An Wochenenden ist weder helles Licht noch laute Stimmen erlaubt.

ITALIEN

Haben Sie in Italien ein öffentliches Lokal egal welcher Art, müssen Sie bis zur Sperrstunde offen lassen, müssen jeden bedienen der reinkommt, müssen es dulden wenn jemand sich nur aufwärmen will, auf die Toilette möchte oder einfach nur da sein will ohne Verzehr. Lassen Sie jemanden nicht auf die Toilette gibt es beim ersten Mal eine Strafe von ca. 50,- €, beim zweiten Mal eine Strafe von ca. 150,- € und beim dritten Mal wird der Laden per richterlichem Beschluss für 10 Tage zugesperrt. Gleiches gilt, wenn Sie jemanden vor die Tür setzen weil er nichts verzehrt.

Sie müssen bei einer Sperrstunde um beispielsweise Uhr 2.00, jemandem der um eine Minute vor Uhr 2.00 ein Bier bestellt dieses servieren. Befindet sich der Gast aber um eine Minute nach Uhr 2.00 noch im Lokal, ist das ein Verstoß gegen die Sperrzeit und wird mit einer Geldbuße zwischen € 200,- bis € 400,- geahndet.

Verkaufen Sie etwas in Ihrem Geschäft an einen Kunden und machen einen scontrino (Kassenzettel), geben diesen scontrino dem Kunden, dieser wirft ihn weg, er wird von der Finanza (Finanzpolizei) kontrolliert während sich die Ware noch in seinem Besitz befindet und findet der Kunde den scontrino nicht mehr, teilt sich die zu erwartende Geldstrafe wie folgt: Das 100fache des Rechnungsbetrages für den Kunden; das 1000fache für den Verkäufer.

Vor einigen Jahren wollte ein Politiker eine Regenwassersteuer festlegen. Berechnungsgrundlage hierfür war der jährliche Niedergang in Litern je Quadratmeter. Da es in Italien noch sehr viel Landwirtschaft mit richtig großem

Landbesitz ab ca. 50.000 qm aufwärts gibt, wäre dies sicherlich ein lohnendes Geschäft gewesen.

Bis ca. 1995 existierte eine Kühlschranksteuer. Diese besagte, dass jeder, der einen oder mehrere Kühlschränke besitzt, je Kühlschrank eine jährliche Abgabe von € 15,- zu leisten hatte.

Bis 1999 musste man jedes Jahr seinen Führerschein verlängern lassen (gegen Gebühr versteht sich, bis 1997 25,- €, danach 35,- €). Hat man seine Gebühr nicht rechtzeitig bezahlt, verlor man automatisch "la Licenza" (Führerschein)

Ziehen Sie in Italien um, müssen Sie auf die Gemeinde gehen und sich melden, danach warten Sie ungefähr 3 Monate bis jemand von der Vigile (Gemeindepolizei) kommt und kontrolliert ob Sie auch tatsächlich in einer Wohnung wohnen. Nach weiteren 4 Wochen (mit viel Glück) erhalten sie dann Ihren neuen Personalausweis, mit dem Sie dann erneut auf die Gemeinde gehen um Gas, Wasser, Abwasser, Strom beantragen können. Haben Sie alles nach ca. weiteren 2 Wochen, bekommen Sie eine Bescheinigung, dass Sie da wohnen und bereits Wasser, etc. genehmigt bekommen haben. Mit dieser Genehmigung können Sie dann ein Telefon beantragen, welches Sie nach ca. weiteren 8 Wochen bekommen.

Haben Sie Land- und Immobilienbesitz in Italien welcher umzäunt ist, sollten Sie darauf achten, dass der Zaun mindestens 1,80 Meter hoch ist. Ist er niedriger und sie wohnen in einem ländlichen Gebiet wo man von Oktober bis Dezember die Jagd pflegt, darf jeder Jäger ohne Ihre Erlaubnis über Ihren Zaun klettern und auf Ihrem Grundstück jagen, da jedes Hindernis unter 1,80 Meter unter Umständen im Jagdeifer nicht auffallen könnte.

Als Scharlatan zu arbeiten und damit sein Geld zu verdienen ist verboten.

In der Öffentlichkeit ist fluchen generell verboten.

Wenn ein Mann einen Rock trägt, kann er dafür verhaftet werden.

In Eraclea, wäre es den Behörden am liebsten, wenn die Urlauber auf Zehenspitzen über den weißen Strand laufen. Der Grund: Es sollen möglich wenige Löcher entstehen. Außerdem ist Sandburgen bauen seit diesem Jahr strengstens verboten!

In Ravenna, darf man an einem Strandabschnitt die ersten 200 Meter nur laufen, nicht liegen.

Im recht sittenstrengen Palermo auf Sizilien dürfen sich Frauen durchaus nackt am Stand zeigen. Dem „starken Geschlecht“ bleibt dies jedoch verwehrt.

„Baci, Baci“ aber nicht im Auto. Wer seine Flitterwochen im süditalienischen Kampanien verbringt, sollten wissen: Küssen im Auto wird mit einem Bußgeld von bis zu 500,- € bestraft.

Vigevano, in der Nähe von Mailand, verbietet Passanten sich am Fuße eines Denkmals in den Schatten zu setzen. (Ein Paar, das sich nicht daran hielt, zahlte 160,- € Strafe.)

Jemand mit der Faust zu schlagen, ist ein Verbrechen.

Das Füttern von Tauben ist auf dem Markusplatz in der Lagunenstadt Venedig verboten. Es drohen bis zu 450 Euro Strafe.

In der Öffentlichkeit sein Pausenbrot zu verzehren, ist in Rom untersagt.

Hunde müssen in ganz Italien angegurtet sein, sonst ist eine Autofahrt mit Hunden verboten, und wird mit einer Geldstrafe oder Anzeige bestraft!

Sollte es sein, dass man z. B. eine Lungenentzündung hat, muss man zuerst auf ein Amt, um einen Gesundheitsausweis auszustellen. Dafür braucht man eine Arbeitsbestätigung. Dies dauert ca. 3 Tage, dann darf man diesen Schein abholen. Persönlich natürlich. Jemand in deinem Auftrag ist nicht berechtigt, dieses "wichtige
Dokument" abzuholen. Danach musst man zum Gemeindearzt gehen, der jeden Tag in einem anderen Ort arbeitet, wobei es keine genauen Angaben gibt, an welchem Tag er wo arbeitet. Sollte man das Glück haben, den Arzt endlich gefunden zu haben, musst man seine Steuernummerkarte, seine Arbeitsbestätigung, sowie seinen Gesundheitsausweis vorlegen. Dann wird man untersucht. Der Arzt schreibt eine Krankmeldung, wobei man diese 2-mal kopieren muss. Eine für sich selbst, eine für den Arbeitgeber und eine für das IMPS. Die Herrschaften von diese Institut erklären einem dann, ob man wirklich in Krankenstand gehen darf oder nicht. Sie schicken jedoch niemanden, der einem untersucht. Sollte es in Ordnung gehen, dass man krank ist, ist die Frage ob man nach Hause fahren darf oder nicht. Für das nach Hause fahren muss man wieder einen eigenen Antrag ausfüllen und einen guten Grund angeben, warum es besser wäre zu Hause zu sein.

Ein Grund war z.B, das jemand laut Arzt mit einer Lungenentzündung nicht auf 3.200m (auf einem Gletscher) bleiben darf, sondern unbedingt nach Hause und ins Tal muss. Die Begründung wurde nicht berücksichtigt, da sie "unlogisch und nicht bedeutend" sei.
Als der Antragsteller doch nach Hause fuhr, wurde ihm mitgeteilt, dass er mit einer Strafe zu rechnen hätte. Also musste er wieder zu einem anderen Institut fahren um sich dort zu rechtfertigen. Herausgekommen ist nichts, doch Hauptsache er musste eine Woche mit Lungenentzündung von Institut zu Institut fahren, und wurde von Pontius zu Pilatus geschickt. Sollten Sie in Italien Zahnschmerzen bekommen, oder sonst wie krank werden, gebe ich Ihnen nur einen Rat: FAHREN SIE SO SCHNELL WIE MÖGLICH NACH HAUSE!!!!!

In Siena Italien ist es allen Frauen mit dem Vornamen 'Maria' verboten, als Prostituierte zu arbeiten.

JAPAN

Auch in Japan ist Sonnenschein gesetzlich garantiert. Deshalb durfte auch ein Hochhaus nicht gebaut werden da der Schatten zu lang wäre.

Wundern Sie sich bitte nicht, wenn Sie beim öffentlichen Knutschen auf einer Parkbank eindringlich beobachtet werden. Küssen darf man sich dort in der Öffentlichkeit gesetzlich erst nach der Verlobung.

KANADA

Das öffentliche Entfernen eines Verbandes ist für Bürger/innen verboten.

Das Gesetz schreibt vor, dass in einer Badewanne nicht mehr als 3,5 Inches Wasser sein dürfen.

Nova Scotia: Rauchen und gleichzeitig Furzen kostet eine Geldstrafe von Can $ 100.-

---

Montreal: Öffentlich geparkte Autos müssen abgeschlossen und (Achtung!) die Fenster müssen eine Handbreit geöffnet sein!

In Kanada ist es strengstens verboten, ohne „lebenssicherndes Gerät" aus einem Flugzeug zu springen.

Alberta: Geschäfte müssen eine Stange zum Anbinden der Pferde haben.

Ein Restaurant- oder Hotelbesitzer kann inhaftiert werden, wenn er keine Unterkünfte für berittene Gäste vorweisen kann.

Wenn die Vorhänge nicht zugezogen oder die Rollläden nicht heruntergelassen sind, darf sich in Winnipeg niemand nackt in seinem eigenen Haus bewegen.

Ein Gesetz legt fest, dass zwei verschiedene Schiffe auf einem Gewässer nicht zur selben Zeit dieselbe Position haben dürfen.

Im Jasper Gates ist es Autofahrern bei Strafe verboten, schneller als ein Pferd oder eine Kutsche zu fahren.

In Montreal, ist es nicht erlaubt, auf Französisch zu fluchen (andere Sprachen dürfen in all ihrer kraftvollen Form zur Unmutsäußerung genutzt werden).

Radiostationen müssen mindestens 30% Kanadische Musik spielen.

Wenn Sie etwas kaufen, das 50 Cents und mehr kostet, dürfen Sie nicht ausschließlich mit Pennies bezahlen.

Durchsichtige oder "Nicht Dunkle" Erfrischungsgetränke dürfen kein Koffein enthalten.

Alberta: Wenn jemand aus dem Gefängnis entlassen wird, ist es erforderlich, dass Sie eine Pistole mit Munition und ein Pferd erhalten, damit Sie die Stadt verlassen können.

New Brunswick: Das Fahren auf den Straßen ist nicht erlaubt.

In Nova Scotia ist es verboten, seinen Rasen während eines Regenschauers zu wässern.

Ontario: Die Höchstgeschwindigkeit beträgt 80 km/h. Radfahrer haben aber immer Vorfahrt.

Quebec: Das rechts abbiegen vor einer roten Ampel ist immer verboten.

Quebec: Margarinehersteller dürfen Ihre Margarine weder gelb färben, noch gelbe Margarine herstellen.

Quebec: Alle Firmenschilder (vom Bäcker bis zur AG) müssen in Französisch geschrieben sein. Wenn ein Firmeninhaber Englisch auf seinem Schild haben möchte, muss die Französische Schrift doppelt so groß wie die Englische sein.

Es gibt kein Gesetz, welches die Verwendung von anderen Sprachen oder Schildern erlaubt.

Gananoque: Hausbesitzer müssen die öffentlichen Gehwege vom Schnee befreien.

Guelph: Die Stadt wurde zur "no-pee"-Zone (to pee=pinklen) erklärt.

Die Farben der Häuser und Garagen werden durch ein Gesetz geregelt. Für eine Violette Türe z.B. erhalten Sie eine Strafe!

Wäscheleinen im Hinterhof sind verboten.

Auf der Straße dürfen Sie nicht an Ihrem Auto arbeiten.

Oshawa: Auf Bäume zu klettern ist verboten.

Oshawa: Hausbesitzer müssen innerhalb von 24 Stunden gefallenen Schnee von den öffentlichen Gehwegen räumen. Tun sie das nicht, wird der Schnee von Angestellten der Stadt entfernt und die Kosten dafür werden auf den nächsten Steuerbescheid aufgeschlagen.

Ottawa: In der "Bank-Street" ist an Sonntagen das Eis Essen verboten.

Toronto: Auf der "Yonge-Street" dürfen an Sonntagen keine toten Pferde geschleppt oder geschleift werden.

Uxbridge: Einwohner dürfen für Ihren Internetanschluss keine schnellere Verbindung als 56 k haben. (Das entspricht einem gewöhnlichen Analog-Modem)

Sie dürfen keine Leiter anmalen, weil sie rutschig wird, wenn sie nass ist.

Wawa: Öffentlich eine Erkrankung oder Zuneigung zu zeigen ist verboten.

Beaconsfield: Es ist eine Straftat, wenn Sie mehr als 2 verschiedene Farben an Ihrem Haus haben.

Beaconsfield: Es ist verboten, eine Holzhütte zu haben.

Montreal: Wenn Sie im Hotel "Queen Elizabeth" ein Zimmer mieten, muss das Hotel Ihr/e Pferd/e kostenlos füttern. (Das Gesetz wurde 1998 aufgehoben.)

Montreal: Autowaschen auf der Straße ist verboten.

Montreal: Ihren eigenen Wagen so zu parken, dass Sie sich Ihre eigene Einfahrt blockieren - ist verboten!

Montreal: An fahrenden Fahrzeugen ist das Anbringen eines "Zu Verkaufen" - Schilds verboten.

Montreal: An die hintere Nummerntafel eines Autos darf weder Glas noch Plastik angebracht werden.

Montreal: Auf die Straße spucken oder seine Notdurft auf der Straße zu verrichten ist verboten. Die Strafe dafür ist mindestens Can $ 100.

KENIA

Harte Strafen für Diebstahl. Ein Huhn = 1 Jahr, Eine Ziege = 2 Jahre, Eine Kuh = 6 Jahre

---

Baden oben ohne oder gar ganz nackt baden kann mit einer Gefängnisstrafe bestraft werden.

In Kenia ist das Fotografieren von und in einigen öffentlichen Gebäuden verboten.

LITAUEN

In Litauen sind Frauen gesetzlich verpflichtet, sich vor der Führerscheinprüfung gynäkologisch untersuchen zu lassen.
(Dieses Gesetz wurde eingeführt, weil nach Meinung litauischer Mediziner bestimmte Frauen-Beschwerden zu plötzlichen Ohnmachtsanfällen führen können. 2002 wurde der entsprechende Gesetzespassus wieder abgeschafft.)

LUXEMBURG

Wer die Polizei an der Arbeit hindert, Felder mit genetisch manipuliertem Anbau anzündet, oder ein Gebäude boykottiert, begeht Terrorismus und muss mit einer Haftstrafe von 10-20 Jahren rechnen!

MALAYSIA

Baden oben ohne oder gar ganz nackt baden wird in Malaysia sehr hart bestraft, wird man dabei erwischt drohen bis zu 3 Jahre Haft.

Sex in der Öffentlichkeit, manchen Paaren gibt das einen unglaublichen Kick, allerdings sollten Sie in Malaysia darauf verzichten, sonst landen Sie für 20 Jahre im Gefängnis und erhalten zudem noch Prügelstrafe.

MEXIKO

Guadalajara: Frauen die für die Stadtverwaltung arbeiten, dürfen während der Bürostunden keine Mini Shirts oder andere "provokative" Kleidung tragen.

\---

In der Öffentlichkeit ist das Benutzen von anstößigen, widerlichen oder beleidigenden Worten, sowie fluchen, verboten.

\---

Aguascalientes: Aufführen von nackter Artistik ist in jeder Form verboten.

\---

Bürgern der Stadt Villahermosa ist es seit dem 1.6.2005 per Erlass nicht mehr gestattet, nackt in ihrer eigenen Wohnung herumzulaufen. Andernfalls drohen ihnen 36 Stunden Arrest oder eine Geldstrafe von umgerechnet rund 100 Euro. (Ob jemals ein Fall von 'Wohnungs-Nudismus' angezeigt wird, ist mehr als fraglich: Das Auspionieren von Nachbarn ist in Villahermosa ebenfalls verboten.).

MONGOLEI

Wer die Milch einer trächtigen Kamelstute stielt, kann mit Auspeitschen bestraft werden.

NEPAL

Die Frau eines anderen Mannes zu küssen kann ganz schnell fatale Folgen mit sich ziehen, jedoch nur in Barandi. Dort wird dem Küssen die Unterlippe abgeschnitten.

NEUSEELAND

Das neuseeländische Parlament hat durch einen Fehler im Gesetzestext versehentlich de facto die Prohibition eingeführt. Nach dem neuen Gesetz droht jedem, der in der Öffentlichkeit Alkohol trinkt oder bei sich führt, eine Geldstrafe von umgerechnet rund 450 Mark (230 Euro), berichteten neuseeländische Medien. Eigentlich hätte es "und" statt "oder" heißen sollen.
Ein Regierungssprecher räumte den Fehler ein und versicherte, dass die Behörden auch künftig gegen niemanden vorgehen werden, der Alkohol offen mit sich herumträgt.

(Das Gesetz soll den örtlichen Behörden ermöglichen, Trinken in der Öffentlichkeit zu verbieten. Es war eilig verabschiedet worden, um noch vor Weihnachten und Neujahr in Kraft zutreten. Zu diesen Anlässen war es in der Vergangenheit in Parks und an Stränden wiederholt zu ausschweifenden Partys gekommen).

NIEDERLANDE

Am Sonntag ist der Verkauf von Bier und Wein verboten. Wer sich trotzdem etwas Alkoholisches genehmigen will, greift einfach zu Mixgetränken. Dieser Verkauf ist erlaubt.

NIGERIA

Ehebruch gilt als Kapitalverbrechen und kann mit „Steinigen" der beiden Delinquenten geahndet werden. Das bedeutet, dass die Bewohner eines Dorfes so lange Steine auf das an einen Baum gefesselte Paar werfen, bis beide verstorben sind.

NORWEGEN

Weibliche Katzen oder Hunde dürfen nicht sterilisiert werden. Männliche Hunde oder Katzen hingegen dürfen kastriert werden.

ÖSTERREICH

Der Haustrunk in Brauereien. Darunter ist jenes Bier zu verstehen, das zum Genuss außerhalb eines Brauereibetriebes unentgeltlich verabreicht wird. Voraussetzung für die Steuerbefreiung ist, dass der Haustrunk vom Arbeitnehmer nicht verkauft werden darf und dass er nur in einer solchen Menge gewährt wird, die einen Verkauf tatsächlich ausschließt.

Ehebruch ist bekanntlich nicht strafbar. Aber eine Möglichkeit dem Konkurrenten vielleicht doch noch eins auszuwischen, wäre die Besitzstörungsklage ... weiß das Landesgericht für Zivilrechtssachen Wien:
"Das Klagebegehren, der Beklagte habe den Kläger dadurch, dass er sein Ehebett benützt, im ruhigen Besitz gestört, ist berechtigt, obwohl die Ehefrau des Klägers der Benützung zustimmte, weil durch die Benützung des Ehebetts durch den Beklagten dem Kläger die Benützung unmöglich gemacht und ihm daher die Benützung entzogen wurden." Entscheidung des ASG Wien v. 18. 12. 1990 (25 Cga 72/90):

"Ein Entlassungsgrund im Sinne des § 82 GewO liegt nicht vor, wenn sich ein Arbeitnehmer (Kellner) weigert, einen Strohhut als Dienstkleidung zutragen."

"Besucher einer Peep-Show werden durch Tänzerinnen unterhalten, die sich nicht bloß entkleiden und einfachste Bewegungsabläufe ausführen, sondern die den Betrachtern Unterhaltung durch rhythmische Bewegungen und durch die Darstellung von Praktiken und Verhaltensweisen aus dem Gebiet der zwischenmenschlichen Beziehungen bieten. Dennoch sind solche Veranstaltungen nicht den Begriffen Theater oder Zirkusvorführungen zuzuordnen." (VwGH 14.10.1991, 91/15/0069)

"Der Betriebsinhaber, der in den Betriebsräumen das WC benützt, tätigt dadurch keine Privatentnahm." (Zur Abgrenzung der betrieblichen von der privaten Sphäre im Zusammenhang mit steuerlicher Abzugsfähigkeit).

"Der von der Beschwerdeführerin behauptete Erfahrungssatz, "das Normale bei einem Menschen" sei "seine Steuerehrlichkeit", findet in der forensischen Praxis der mit Abgabensachen befassten Senate des Verwaltungsgerichtshofs keine rechte Bestätigung."

Wenn es die Verkehrssicherheit erfordert, hat der Lenker eines Fahrzeuges andere Straßenbenützer mit der zum Abgeben von akustischen Warnzeichen bestimmten Vorrichtung durch deutliche Schallzeichen, sofern solche Vorrichtungen nicht vorhanden oder gestört sind, durch deutliche Zurufe zu warnen.

PAAMA ISLAND

Auf der südpazifischen Insel 'Paama Island' (600 EW) ist es Frauen verboten, Hosen zu tragen.
(Dieses 2001 eingeführte Gesetz soll verhindern, dass die traditionellen Werte durch westliche Einflüsse erodiert werden. Insel-Chef Frank Maki wies den Polizisten der Insel an, die Einhaltung des Verbots streng zu überwachen.)

RUSSLAND

Das russische Parlament verabschiedete 2000 ein Gesetz, welches Haustierbesitzern verbietet, ihre Lieblinge zu essen.

In Russland ist es seit 1993 nicht erlaubt, Bienen und Wespen zu töten, außer in Notwehr.

Einem alten russischen Gesetz zufolge muss ein Zug anhalten, wenn sich entlang der Trasse ein schlafender Mensch befindet und solange warten, bis dieser sein Nickerchen beendet hat.

Ist das Auto zu schmutzig, kann es bis zu 200,- € Bußgeld hageln.
(Dabei bleibt allerdings ungeklärt, was „schmutzig" bedeutet.).

SAMBIA

In Sambia ist Oral-Sex strafbar.
(Laut Medienberichten wurde im Oktober 2001 ein deutscher Tourist in Sambia zu 6 Jahren Haft mit Zwangsarbeit verurteilt, weil er oralen Sex mit einer Sambierin hatte. Der Einwand, er habe nicht gewusst, dass Oral-Sex in Sambia strafbar sei, nützte dem Angeklagten nichts. Unkenntnis der Gesetze sei keine Entschuldigung, entschied der Richter in Mazabuka.)

SAUDI ARABIEN

In Saudi Arabien ist es illegal, einen Fremden zu küssen.
(Seitdem stellt man sich erst gegenseitig vor und startet dann das Vergnügen!)

Frauen dürfen in Saudi Arabien kein Auto fahren.

SCHWEDEN

In Schweden ist die Prostitution legal, die Dienste einer Prostituierten in Anspruch zu nehmen, ist jedoch illegal.

Streichen ist ein richtiger "Staatsakt": Man darf den Anstrich seines Haus erst dann erneuern, wenn man eine Streich-Erlaubnis und die Genehmigung der Regierung hat.

SCHWEIZ

Die Schweizer Armee war viele Jahre lang auf ihren Brieftaubendienst stolz. Dabei wurden die Brieftauben wie folgt definiert: „Selbstreproduzierende Kleinflugkörper auf biologischer Basis mit fest programmierter automatischer Rückkehr aus beliebigen Richtungen und Distanzen". Dieser Brieftaubendienst unterstand dem Schweizerischen „Bundesamt für Übermittlungstruppen" bis 1995 und wurde danach aufgelöst.

Es ist gesetzlich verboten, eine Autotür zuzuknallen.

Am Zürichsee ist es verboten einen gefangenen Barsch, der über dem Mindestmaß ist, wieder ins Wasser zu lassen.

Alle Bewohner des Dorfes Finsterhennen im Kanton Bern sind dazu verpflichtet, Maikäfer zu jagen und zu töten. Die toten Käfer dürfen jedoch nicht in Gewässer oder Jauchegruben gekippt werden.
(Dieses Gemeindegesetz wurde 2001 aufgehoben.)

An hohen Feiertagen, wie Weihnachten, Ostern, Bettag etc. herrscht ein Tanzverbot, das Tanzverbot an den jeweiligen Vorabenden wurde unterdessen aufgehoben.

Nach 22 Uhr ist das Pinkeln im Stehen verboten. Das Ziehen der Klospülung sollte man auch tunlichst unterlassen.

SINGAPUR

In Singapur ist es verboten, in den Fahrstuhl zu pinkeln

In Singapur kann mit 500,- € Strafe belegt werden, wer nach der Benutzung vergisst, die Toilettenspülung zu betätigen. Polizisten in Zivil überprüfen regelmäßig die öffentlichen Toiletten.

In Singapur ist seit 1992 Import, Herstellung und Verkauf von Kaugummis gesetzlich untersagt.
(Auslöser für das Gesetz waren mehrere Fälle, in denen Türen von Singapurs Untergrundbahn verklebt und blockiert wurden. Zudem befand die Regierung getrocknete Kaugummireste in Wohnanlagen und öffentlichen Plätzen für unansehnlich. Ab 2003 soll es in Singapur wieder Kaugummis geben, allerdings nur zuckerfreie Varianten aus Apotheken, die vom Arzt zu therapeutischen Zwecken verordnet werden. Die Lockerung des Verbots ist Ergebnis eines neuen Freihandelsabkommens zwischen Singapur und den USA.)

Bungeespringen sollte man in Singapur unterlassen, da es gesetzlich nicht zugelassen ist.

Der Besitz von Rauschmitteln und Drogen wie Heroin, Kokain und Marihuana kann in Singapur mit der Todesstrafe geahndet werden. Die Gerichte unterstellen quasi automatisch, dass die Substanzen gehandelt werden.

Homosexuelle dürfen nicht in Singapur leben.

In Singapur ist Oralsex illegal, abgesehen es wird als eine Art von Vorspiel betrieben.

Da es als Pornographie angesehen wird, darf man in seinem eigenen Haus nicht nackt herumlaufen.

SPANIEN

Sex am Strand wird mit einer Geldstrafe von bis zu 75.000 Euro geahndet.

SRI LANKA

Bis 1991 waren Küsse im sri-lankischen Fernsehen verboten.

SWASILAND

Nach einem Gesetz des Königs Mswati III, Herrscher über Swasiland, dürfen alle weiblichen Untertanen unter 19 ab 2001 fünf Jahre lang keinen Sex mehr haben. Ferner ist ihnen verboten, während dieser Zeit einem Mann die Hand zu schütteln oder kurze Hosen zu tragen. Zudem müssen Jungfrauen schwarzblaue 'Rühr-mich-nicht-an'-Troddeln an ihrer Kleidung tragen.
(Mit diesem Gesetz soll die verheerende Aids-Epidemie in Swasiland bekämpft werden. Bei Zuwiderhandlung droht eine Strafe von 200,- € oder die Finanzierung einer Kuh. Einer der ersten Gesetzesübertreter war der König selbst, kurz nach Einführung des Gesetzes nahm er sich eine 17jährige Jungfrau zur Gespielin.).

THAILAND

Küssen verboten für Jugendliche unter 21 Jahren und dies gilt vor allem am Valentinstag.

Thailand Respektlosigkeit vor dem thailändischen König "Bhumibol Adulyadej" wird in Thailand sehr hart bestraft. So droht beispielsweise schon eine Gefängnisstrafe, wenn man aus versehen auf einen am Boden liegenden thailändischen Geldschein tritt. Dies wird deswegen als besonders respektlos angesehen, weil auf den thailändischen Geldscheinen das Konterfei des Königs abgebildet ist.

Baden oben ohne oder gar ganz nackt baden kann in Thailand sehr hart bestraft werden

---

Das Autofahren ohne Hemd ist verboten, Strafe $600.

Ausspucken eines Kaugummis kostet ebenfalls $600.

Es ist verboten, ohne Unterwäsche angezogen zu haben, aus dem Haus zu gehen.

TÜRKEI

In der Türkei ist es den Frauen gesetzlich verboten, Hosen am Arbeitsplatz zu tragen.

UNGARN

Bukarester Metro: Essen und Trinken sind erlaubt, aber ausdrücklich ist das Mitführen von lebenden Vögeln verboten, es sei denn, sie sitzen in einem Käfig.

URUGUAY

Wenn ein Ehemann in Uruguay seine Frau beim "Fremdgehen" erwischt, darf er entweder: Den Liebhaber der Frau UND die Frau töten, oder der Frau die Nase abschneiden und den Liebhaber kastrieren!

Ein Gesetz in Uruguay legalisiert Duelle, sofern beide Teilnehmer Blutspender sind.

Verleumder und Intriganten, die andere Bürger aus niedrigen Beweggründen sei es, um ihrem Ruf zu schaden oder durch das Übelreden einen Vorteil für sich selbst zu erzielen, schlecht machen, können dazu verurteilt werden, für den Zeitraum eines Jahres täglich zu einer festgelegten Uhrzeit auf einem öffentlichen Marktplatz erscheinen zu müssen. Dort können ihnen der Beklagte und seine Angehörigen die üblen Taten vorhalten und allen die Wahrheit berichten.

USA

ALABAMA

Es droht einem die Todesstrafe, wenn man dabei erwischt wird, wie man Salz auf die Eisenbahnschienen streut.

Beim Autofahrern ist es verboten, während der Fahrt eine Augenbinde zu tragen.

Männern ist es gesetzlich verboten, in Anwesenheit von Frauen auf den Boden zu spucken.

Es ist verboten in den Wind zu spucken.

Es ist verboten, sich maskiert in der Öffentlichkeit zu zeigen.

Es ist nicht erlaubt, eine Eiskremwaffel in der Hosentasche zu haben.

Es ist nicht gestattet, mit einem Motorboot auf den Straßen zu fahren.

In Brooksville Alabama dürfen die Bewohner nur von den 10 Geboten regiert werden.

Tauben ist es verboten Kieselsteine von Flachdächern zu essen.

Männer dürfen keinen "unzulässigen" Schnurrbart tragen, da dies unpassendes Gelächter in der Kirche hervorrufen könnte.

Es ist verboten, am Sonntag Domino zu spielen.

Männer dürfen ihre Ehefrauen nur mit einem Stock prügeln, dessen Durchmesser nicht größer ist als der des Daumens.

Man darf falsch herum in Einbahnstraßen fahren, wenn man vorne am Wagen eine Laterne anbringt.

Bei einer Scheidung dürfen nur Frauen den Besitz, den sie bereits vor der Hochzeit hatten, behalten. Männer nicht.

Der Verkauf von Sexspielzeugen ist gesetzlich verboten. (Dieses 1998 verabschiedete Gesetz wurde 2002 vom Bundesgericht als verfassungswidrig eingestuft und aufgehoben.).

Ehen zwischen Schwarzen und Weißen sind untersagt.

Der Staat verbietet das Ringen mit Bären.

Es ist verboten, sich selbst zu verstümmeln um so einer Strafe zu entgehen.

Eine Inzesthochzeit ist erlaubt.

Im Zug zu dösen ist verboten.

In Lee Country ist nach Sonnenuntergang das Verkaufen von Erdnüssen untersagt.

Auf der Noble Street in Anniston, dürfen keine Blue Jeans getragen werden.

Wenn eine Eisenbahnstrecke eine Ortschaft passiert, die weniger als eine Meile entfernt ist und mehr als 1OO Einwohner hat, muss die Ortschaft einen Bahnhof bauen, damit die Passagiere ein- und aussteigen können.

Dem Staatsgesetz entsprechend darf niemand eine rote oder eine schwarze Flagge besitzen.

Wenn Sie im Theater einen Hut tragen, können Sie bestraft werden.

Überfahrene Tiere müssen nach Hause mitgenommen werden.

Unter Wasser ist das Flüstern verboten.

Bären-Wrestling ist verboten.

Sie müssen Scheibenwischer an der Windschutzscheibe Ihres Fahrzeuges haben.

Barfuß fahren ist verboten.

Sich als eine Person der Kirche zu verkleiden, ist verboten.

Lee County: Nach Sonnenuntergang dürfen keine Erdnüsse verkauft werden.

Mobile: Innerhalb der Stadtgrenzen darf Frauen nicht nach gepfiffen werden.

Mobile: Es ist Frauen verboten, Schuhe mit hohen Absätzen zu tragen. (Die Stadt Mobile wurde einst von einer Frau, die mit ihren hohen Absätzen in einem Gully hängen blieb und sich beim darauffolgenden Sturz verletzte, auf Schadensersatz verklagt. Daraufhin wurde dieses Gesetz erlassen, um die Stadt vor weiteren Klagen zu schützen.)

In Montgomery ist es verboten, einen Regenschirm auf offener Straße aufzuspannen. (Dieses Gesetz sollte ursprünglich verhindern, dass Pferde sich erschrecken und scheuen.)

ALASKA

In Fairbanks ist es den Mäusen per Gesetz untersagt, auf den Bürgersteigen der Stadt der geschlechtlichen Liebe nachzugehen.

Es ist verboten, von einem Flugzeug aus auf einen Elch herabzuschauen.

Es ist verboten alkoholische Getränke an Elche verteilen.

In Fairbanks dürfen es Bewohner nicht zulassen, dass sich Elche auf offener Straße paaren

---

Es ist zwar erlaubt einen Bären zu erschießen, ihn aber aus dem Schlaf zu wecken, um ein Foto von ihm zu machen ist verboten.

Es ist streng untersagt, lebende Elche aus fliegenden Flugzeugen zu stoßen.

ARIZONA

Die Jagd auf Kamele ist gesetzlich verboten. (Vor einiger Zeit experimentierte die US-Army mit Kamelen. Die Experimente wurden jedoch aufgegeben und die Kamele freigelassen. Seitdem stehen sie unter dem Schutz dieses Gesetzes.)

Piloten ist es verboten, während des Fluges zu gurgeln.

In Glendale ist es ungesetzlich, mit einem Auto rückwärts zu fahren.

In Tucson dürfen Frauen keine Hosen tragen.

In Besitz von Dildos (Vibratoren) ist für Frauen auf maximal 2 Stück begrenzt.

In Globe ist es untersagt, mit einem Indianer auf der Straße Karten zu spielen.

Eseln ist es nicht erlaubt, in der Badewanne zu schlafen.

In Maricopa County dürfen nicht mehr als sechs Frauen in einem Haus leben, da es sonst als Bordell angesehen wird.

Das Stutzen oder Fällen eines Kaktus wird mit bis zu 25 Jahren Gefängnis bestraft.
(Da es für einige Zeitgenossen ein beliebter Zeitvertreib ist, auf Kakteen zu schießen oder sie ganz abzuholzen, wurde dieses Gesetz erlassen, um den Bestand der in Arizona beheimateten und stark gefährdeten seltenen Sanguaro-Kaktee zu sichern.)

Es ist ungesetzlich, einer Person ein Glas Wasser zu verweigern.

In Nogales dürfen Männer ihre Hosenträger nicht "sichtbar" tragen.

Wird man von einem Kriminellen angegriffen, darf man sich nur mit denselben Waffen verteidigen über die auch der Angreifer verfügt.

Sämtliche Straftaten die mit einer roten Maske im Gesicht verübt werden, sind ein Kapitalverbrechen.

In Hayden ist das Ärgern von Schafen und Bullenfröschen verboten.

In Prescott darf niemand mit seinem Pferd die Treppen des Gerichtsgebäudes hinaufreiten.

In Tombstone ist es für Personen die älter als 18 Jahren sind verboten, mehr als einen fehlenden Zahn beim Lächeln zu zeigen

---

Einem Erlass der Bezirks Mahove zufolge muss jeder, der ein Stück Seife gestohlen hat, sich so Iange damit waschen, bis es vollkommen aufgebraucht ist.

Globe: Mit Amerikanern darf in den Straßen nicht Karten gespielt werden.

Mesa: Zigaretten rauchen ist im Umkreis von 4,5 Metern zu öffentlichen Plätzen verboten. Es sei denn, Sie haben eine Lizenz zum Alkohol verkaufen.

Nogales: Eine Verordnung verbietet das Tragen von Strumpfhaltern.

In Tuscon, Arizona ist es Frauen per Verordnung verboten Unterhosen zu tragen.

ARKANSAS

Männer dürfen Ihre Ehefrauen maximal einmal im Monat schlagen bzw. verprügeln.

Das Flirten in den Straßen von Little Rock kann eine 30tägige Haftstrafe zur Folge haben.

In Little Rock dürfen Hunde nach 18 Uhr nicht mehr bellen.

In Little Rock ist es verboten, nach 13 Uhr eine Kuh die Hauptstraße runterzutreiben.

Es ist illegal, den Namen des Staates Arkansas falsch auszusprechen.

Das Ausüben von Oralsex ist strengstens verboten und wird als Sodomie betrachtet.

Es ist untersagt, Alligatoren in der Badewanne zu halten.

Eine Gehaltserhöhung für Lehrer mit einer "Bubikopf-Frisur" ist per Gesetz untersagt.

Ein Gesetz verbietet es dem Arkansas River, höher als bis zur Brücke der Hauptstraße in Little Rock zu steigen.

Bei Wahlen darf ein Wähler maximal 5 Minuten brauchen, um seine Stimme abzugeben.

Fayetteville: Das Töten von lebenden Kreaturen ist verboten.

Little Rock: Hunde dürfen nach 18 Uhr nicht mehr bellen.

Sonntags ist es verboten, seine Kuh nach 13 Uhr auf der Hauptstraße zu bewegen.

An Plätzen wo kalte Getränke und Sandwichs verkauft werden, ist es nach 21 Uhr verboten, die Hupe seines Fahrzeugs zu betätigen.

COLORADO

In Sterling muss eine freilaufende Katze einen Rückstrahler tragen.

In Logan County ist es illegal, eine Frau zu küssen, während sie schläft.

In Pueblo ist es bei Strafe verboten Löwenzahn zu sähen und jeder Bürger ist dazu verpflichtet, das Kraut auszurupfen, wo es sich auch nur blicken lässt.

Ein Gesetz in Denver verbietet das Misshandeln von Ratten.

Wer in Denver seinen Staubsauger an die Nachbarn verleiht, verstößt gegen das Gesetz.

In Denver ist es ungesetzlich, am Sonntag mit einem schwarzen Auto zu fahren.

Es verboten, während einer Hochzeit mit Schuhen nach den Brautleuten zu werfen.

Jemand der Grippe hat bzw. erkältet ist, darf kein Pferd reiten.

Autohändler dürfen ihre Fahrzeuge sonntags nicht zeigen.

Liquor Stores (Schnapsläden) dürfen keine Lebensmittel verkaufen.

Lebensmittelgeschäfte dürfen überhaupt keinen Alkohol verkaufen, außer Bier, wenn es weniger als 3,2% Alkohol hat.

An Feiertagen und an Sonntagen ist der Verkauf von Alkohol generell verboten.
(Das Gesetz wurde aufgehoben)

Colorado Springs: Eine 6-schüssige Pistole darf innerhalb der Stadtgrenzen nicht im Halfter getragen werden. Sonntags, an Feiertagen und während der Urlaubszeit ist es hingegen erlaubt.

Crippe Creek: Pferde und Packesel dürfen sich innerhalb der Stadt, wenn sie in einem Gebäude sind, nur im Erdgeschoss aufhalten.

Denver: Wenn ein Hundefänger einen Hund beschlagnahmt, muss er dies bekannt geben. Dafür muss er an mindestens einem Baum und am Hauptdurchgangsweg des Stadtparks eine Notiz anbringen und diese mindestens 3 aufeinander folgende Tage hängen lassen.

Durango: Das Tragen von Kleidung, die das Geschlecht des Trägers/in unvorteilhaft erscheinen lassen, ist in der Öffentlichkeit verboten.

Hausbesitzer in Alamosa sind dazu verpflichtet, zu verhindern, dass unverheiratete Paare in ihrem Haus Sex haben.

CONNECTICUT

Radfahrer dürfen von der Polizei nicht wegen Geschwindigkeitsübertretung gestoppt werden, selbst wenn sie schneller als 65 mph (105 km/h) radeln.

Die Stadt Devon verbietet es, nach Sonnenuntergang auf den Straßen rückwärts zu gehen.

In Hartford ist es verboten, eine Straße im Handstand zu überqueren.

In Hartford ist es gegen das Gesetz, seinen Hund zu erziehen.

In Hartford ist es untersagt, seine Frau am Sonntag zu küssen.

Eine Essiggurke muss Sprungkraft besitzen, um als solche in diesem Staat angesehen zu werden.

In Waterbury dürfen Kosmetikerinnen bei der Behandlung eines Kunden weder singen, summen noch pfeifen.

In New Britain beträgt selbst im Brandfall die Höchstgeschwindigkeit für Feuerwehrfahrzeuge 25 mph (40 km/h).

Es ist nicht erlaubt, gebrauchte Rasierklingen wegzuwerfen.

Nach 20 Uhr oder an Sonntagen ist er verboten, Alkohol zu kaufen.

Die Hochzeit zwischen geistig zurückgebliebenen Personen ist verboten.

Eine Handfeuerwaffe auf einer öffentlichen Bundesstraße zu entladen, ist verboten.

Niemand darf einen weißen Stock zum Schlagen benutzen, es sei denn, er ist blind.

Guilford: Es dürfen nur weiße Weihnachtslichter benutzt werden.

DELAWARE

Gegen das Gesetz verstößt, wer in einem Flugzeug schnarcht.

In diesem Staat darf man nur über Wasserflächen fliegen, wenn man genug Lebensmittel- und Wasservorräte dabei hat.

Wenn zwei Menschen in Lewes wegen einer Mutprobe heiraten, darf die Ehe annulliert werden.

In Delaware ist das Verpfänden eines Holzbeines verboten.

In Lewes gilt es als illegal figurbetonte Hosen zu tragen.

FLORIDA

In Florida ist es der Frau verboten, 2/3 ihres Pos am Strand zu zeigen. Tut sie es trotzdem, drohen ihr 500 Dollar Strafe oder Gefängnis.

Es ist verboten, in einem Badezimmer die Kleider abzulegen (also nackt zu duschen).

Ein spezielles Gesetz verbietet weiblichen Singles, geschiedenen oder verwitweten Frauen, an einem Sonntag Fallschirm zu springen. Unverheiratete Frauen, welche dennoch springen, droht eine Geldstrafe und/oder Gefängnis.

In Saratoga ist es illegal, öffentlich zu singen, wenn man einen Badeanzug trägt.

Frauen, welche in Florida unter einem Haartrockner einschlafen, können mit einer Geldstrafe belegt werden. Alternativ kann die Strafe aber auch den Besitzer des Frisiersalons treffen.

Es ist Männern verboten, sich mit einer sichtbaren Erektion in der Öffentlichkeit sehen zu lassen.

Liebende aufgepasst - außer der Missionar Stellung ist keine andere sexuelle Stellung erlaubt.

Darüberhinaus ist es verboten, die Brüste seiner Frau zu küssen.

Oralverkehr auszuüben ist verboten.

In Daytona Beach verbietet es der Gesetzgeber, öffentliche Mülleimer sexuell zu belästigen.

Wird ein Elefant an einer Parkuhr festgebunden, dann ist die normale Parkgebühr für PKWs zu entrichten.

Per Gesetz ist es Ratten auf Schiffen verboten, an Land zu gehen.

St.Johns County: Sich nackt in der Öffentlichkeit zu zeigen wird mit bis zu $ 500.- oder bis zu 60 Tagen Gefängnis bestraft. Nacktheit liegt vor: wenn die Genitalien, der Schambereich die weibliche Brust oder der Hintern nicht vollständig bekleidet sind. Damit ein Polizist einen Hintern auch erkennt, wenn er ihn sieht, wird der Hintern wie folgt definiert: Der Bereich auf der Rückseite des menschlichen Körpers (auch als gluteus maximus bezeichnet), welcher sich zwischen 2 gedachten geraden Linien befindet, die parallel zum Boden verlaufen, wenn eine Person steht; die erste oder obere Linie verläuft 1.27 cm unterhalb der senkrechten Gesäßspalte (die Fuge zwischen den Erhebungen, die durch die von der Rückseite der Hüften bis zu den Rückseiten der Beine verlaufenden Muskeln gebildet werden) und die zweite oder untere Linie verläuft 1.27 cm über dem tiefsten Punkt der Krümmung der fleischigen Ausbeulung (auch als Gesäßfalte bezeichnet), der sich zwischen zwei gedachten geraden Linien befindet, eine auf jeder Seite des Körpers (die "Außenlinien"), wobei die Außenlinien senkrecht zum Boden und den oben beschriebenen horizontalen Linien verlaufen, und die senkrechten Außenlinien durch die äußeren Punkte, an denen die Gesäßmuskeln auf die Außenseite jedes Beins treffen, hindurchgehen. St.Johns County Public Nudity Ordinance, Sec. 3 c).

Wer in der Öffentlichkeit trägerlose Kleidung trägt, macht sich strafbar.

Männern ist es in Miami Florida verboten, sich in einem Morgenmantel ohne Gürtel in der Öffentlichkeit sehen zu lassen.

Sexuelle Beziehungen zu Stachelschweinen sind in Florida untersagt.

Die Jagd oder das Töten eines schwimmenden Hirsches, ist strafbar.

In Tampa Bay ist es ungesetzlich, sonntags nach 18 Uhr Hüttenkäse zu essen.

In Pensacola ist es strafbar, weniger als 10 $ bei sich zu haben.

In Florida ist es verboten mehr als 3 Geschirrteile zu zerbrechen oder die Ecken von mehr als 4 Tassen oder Untertassen anzuschlagen.

In Key West dürfen keine Schildkrötenrennen innerhalb der Stadtgrenzen abgehalten werden.

Skateboard fahren ohne ausdrückliche Erlaubnis ist verboten.

Pferdediebstahl wird mit Tod durch Erhängen bestraft.

Es ist verboten, eine von Fuhrwerken benutzte Straße zu blockieren.

Donnerstags nach 18 Uhr ist auf öffentlichen Plätzen das Furzen verboten.

In Miami, Florida, ist es verboten, mit einem Skateboard die Polizeistation zu befahren.

Cape Coral: Das Aufhängen von Wäsche auf einer Wäscheleine im Freien widerspricht den Stadtverordnungen.

Cape Coral: Sie dürfen Ihr "Pick-up" Fahrzeug nicht auf die öffentliche Straße vor Ihrem Haus abstellen. Dieses Gesetz gilt nur wenn Ihnen das Haus nicht gehört.

Daytona Beach: Das Schwimmen im Atlantischen Ozean innerhalb der Stadtgrenzen ist unter dem Einfluss von Drogen oder Alkohol verboten.

Daytona Beach: Sie dürfen weder als Eigentümer, Mieter, Leasingnehmer oder in einer sonstigen Besitzeigenschaft, bzw. es einer anderen Person ermöglichen, sei sie Eigentümer, Leasingnehmer, Mieter oder in einer anderen Besitzeigenschaft, ein verlassenes, ausrangiertes oder fahruntaugliches Fahrzeug innerhalb der Stadtgrenzen
abstellen.

Key West: Hühner sind eine geschützte Art.

Miami: Niemand darf ein Fahrrad benutzen welches nicht über eine Glocke oder eine Vorrichtung verfügt, die im Umkreis von 3 Metern ein hörbares Signal erzeugen kann. Aber ein Fahrrad darf nicht mit irgendeiner Sirene ausgestattet werden bzw. der Fahrer darf auf dem Fahrrad nicht pfeifen.

Pensacola: Es ist auf allen Straßen verboten, ein Fass zu rollen. Die Strafe richtet sich nach dem Inhalt des Fasses.

Pensacola: Wenn Frauen in der Badewanne Utensilien benutzen, um sich selbst zu verschönern, und dabei getötet werden, können sie dafür bestraft werden. Allerdings erst nach Ihrem Tod.

Saford: Außer bei naturgetreuen Theateraufführungen, ist Nacktheit verboten. Zuwiderhandlungen werden mit $ 100 bestraft.

Sarasota: Das Schlagen eines Fußgängers wird mit $ 75 bestraft.

Sarasota: Krabben fangen ist verboten.

In Florida dürfen Kinder und Jugendliche ohne schriftliche Erlaubnis ihrer Eltern keine Harry Potter-Bücher aus Schulbibliotheken entleihen. (Diese Maßnahme wurde getroffen, nachdem besorgte christliche Eltern Einwände gegen das Buch erhoben haben, da im Buch magische Rituale beschrieben werden. Ein Ausschuss entscheidet nun, ob die Bücher in Zukunft gänzlich aus den Regalen entfernt werden müssen.)

Im 1.400-Seelen-Ort Inglis hat der Satan per Erlass Hausverbot. ("Wir üben unsere Autorität über den Teufel in Jesu Namen aus" heißt es in dem Erlass, den Carolyn Risher, die 61jährige Bürgermeisterin der Gemeinde, Anfang 2002 erlies. "Mit dieser Autorität befehlen wir allen satanischen und dämonischen Kräften, ihre Aktivitäten einzustellen und Inglis zu verlassen.")

GEORGIA

In Georgia darf man nur mit einem geladenen Gewehr zum Gottesdienst erscheinen.

Anlässlich der Olympischen Spiele 1996 wollten moralische Gesetzeshüter von Atlanta in jedem Hotel eine Liste mit den 10 anti-Sex-Geboten aufhängen, die unter anderem besagen, dass nur Verheiratete Sex haben dürfen und nur in der Missionarsstellung.

In Atlanta verstößt es gegen das Gesetz, wenn eine Giraffe an einer Telefonzelle oder an einem Laternenpfahl festgebunden wird.

Es ist verboten in Jonesboro die Worte 'Oh, Boy' auszusprechen.

Ein Gesetz verbietet es den Friseuren, ihre Preise auszuhängen.

In Marietta ist es verboten, aus einem Auto oder Bus zu spucken.

Hühnern ist es in Quitman verboten die Straße zu überqueren.

In Acworth muss jeder Bürger eine Harke besitzen.

In Georgia ist es untersagt, vor einer Leiche zu fluchen, wenn sie sich im Büro des Leichenbeschauers oder in der Leichenhalle befindet.

In Modehäusern ist das Entkleiden von Schaufensterpuppen ohne zugezogene Vorhänge illegal.

Affen dürfen nicht in der Badewanne gehalten werden.

Unterschriften müssen in Englisch geschrieben sein.

Während die Staatsversammlung tagt, können deren Mitglieder nicht für Geschwindigkeitsübertretung bestraft werden.

Sonntags dürfen Sie keine Eiscreme in Ihrem Rucksack transportieren.

Acworth: Alle Einwohner müssen ein Schüreisen besitzen.

Atlanta: Eine Giraffe darf weder an einem Telefonmast noch an einer Straßenlaterne angebunden werden.

Columbus: Sonntags dürfen keine Hühner geköpft werden.

Columbus: Sonntags dürfen auf dem Broadway (Hauptstraße) keine Hühner an den Beinen getragen werden.

Gainesville: Hühner müssen mit den Händen gegessen werden.

Kennesaw: Jeder Haushaltsvorstand muss über eine Feuerwaffe, gleich welcher Art, verfügen.

Ein Gesetzentwurf des Abgeordneten Doug Teper vor dem Staatsparlament von Georgia sah vor, dass alle Hotels in Georgia deutlich sichtbar Schilder mit der Warnung

St.Mary´s: Nach Einbruch der Dunkelheit ist das Ausspucken auf den Gehweg verboten.

Quitman: Autos dürfen nicht auf Gehwegen benutzt werden.

---

ln Smyrna ist es Personen unter l8 Jahren verboten, Farbspraydosen oder Filzmarker zu erwerben oder zu besitzen. Ladenbesitzer dürfen diese Gegenstände nur noch in Minderjährigen nicht zugänglichen Bereichen verkaufen. Personen, die mit diesen Gegenständen aufgegriffen werden, gelten als Kriminelle.
(Dieses Gesetz wurde 2OOI erlassen, um die Banden Kriminalität in Smyrna zu bekämpfen. Es sollte dazu beitragen, die Kommunikation zwischen den zahlreichen rivalisierenden Straßengangs mit Graffiti zu erschweren. Die amerikanische Bürgerrechtsbewegung in Atlanta bezeichnete das Gesetz als lächerlich, mit der gleichen Begründung könnte man auch den Verkauf von Haarnadeln und Tackern verbieten, da auch mit diesen Gegenstanden Verbrechen begangen werden könnten.)

Wenn Sie durch aggressive Worte eines Angreifers provoziert werden, können Sie im Falle eines Duells die Wahl der Waffe für sich reklamieren.

"Geschlechtsverkehr, Ehebruch und Sodomie verboten" (in Normal- u. Blindenschrift) aufhängen müssen. Zusätzlich sollten diese Tafeln "international erkennbare Symbole" tragen.

HAWAII

Auf Hawaii ist es verboten, sich eine Münze in das Ohr zu stecken.

Jeder Bewohner auf Hawaii, der kein Boot besitzt, wird bestraft.

Wer sich in der Öffentlichkeit mit einer Badehose zeigt, muss mit Bestrafung rechnen.

In Honolulu ist es im Bereich der öffentlichen Parks ungesetzlich, Vögel zu ärgern.

Unter 18-Jährige aus Hawaii sollten sich in Sachen Sex zügeln. Wird man beim Sex erwischt, müssen die Eltern für drei Jahre ins Arbeitslager. Grund: Den Eltern wird vorgeworfen, ihre Kinder zu freizügig erzogen zu haben.

Das Teilnehmen an Schwimmwettbewerben ist nur ohne das Tragen von Schwimmwesten erlaubt

IDAHO

Personen jenseits der 88 ist es in Idaho Falls verboten, Motorrad zu fahren.

Die Stadt Pocatello verabschiedete 1912 ein Gesetz, welches das Tragen von Waffen untersagt. Ausnahme: Die Waffe wird in der Öffentlichkeit gut sichtbar getragen.

In Pocatello ist es einem per Gesetz vorgeschrieben, in der Öffentlichkeit zu Lächeln.

Es verstößt gegen das Gesetz, wenn ein Mann seiner Angebeteten eine Pralinenschachtel überreicht, die weniger als 50 Pfund (22,7 kg) wiegt.

Problemlos ist auch der Autosex in Coer d'Alene. Polizisten sind angehalten, hinter verdächtigen Wagen zu parken, dreimal auf die Hupe zu drücken und anschließend zwei Minuten zu warten, ehe sie sich dem Wagen nähern dürfen.

Bürger aus Idaho dürfen nicht an Hundekämpfen teilnehmen.

In Boise darf man nicht vom Rücken einer Giraffe aus Fischen.

In Idaho darf man sonntags nicht Karussell fahren.

Es ist verboten zu angeln, während man auf einem Kamel sitzt.

Das Spucken auf den Boden eines öffentlichen Platzes kann bis zu 50 $ kosten.

ILLINOIS

Wer am Hochzeitstag zum Jagen oder Fischen geht, muss in Oblong auf das Recht auf Sex während der Jagd verzichten.

In der Stadt Cicero ist es nicht erlaubt, sonntags auf öffentlichen Straßen zu summen.

Ein Gesetz des Staates besagt, dass alle männlichen Akademiker von ihren weiblichen Kolleginnen mit 'Meister' angesprochen werden müssen.

In Normal darf niemand ungestraft Hunden Grimassen schneiden.

Es ist illegal, in Zion einem Hund, einer Katze oder irgendeinem anderen Haustier eine angezündete Zigarre anzubieten.

Monstern ist es in Urbana verboten, das Stadtgebiet zu betreten.

Ein Gesetz verbietet Bienen, über das Dorf oder durch die Straßen von Kirkland zu fliegen.

Im Jahre 1924 musste sich in South Bend Affe vor Gericht verantworten, weil er eine Zigarette geraucht hatte. Er wurde zu einer Geldstrafe von 25 Dollar und zur Zahlung der Gerichtskosten verurteilt.

In Chicago ist es illegal, nur mit einem Pyjama bekleidet zum Fischen zu gehen.

Ein Gesetz in Chicago verbietet es, während eines Brandes in einem Lokal dort zu essen.

Chicago: Keine Person, die erkrankt, gelähmt, verstümmelt oder in irgendeiner Weise derart entstellt ist, dass sie ein hässliches oder abscheuliches Objekt darstellt, oder die untauglich ist, um ihr das Erscheinen auf öffentlichen Wegen oder Plätzen zu gestatten, soll sich in der Öffentlichkeit zeigen. Die Strafe dafür beträgt mind. $ 1.- max. $ 50.- für jeden Verstoß.
(Das Gesetz wurde 1970 aufgehoben).

In Chicago ist es strafbar, einem Hund Whisky zum Trinken zu geben.

Dafür ist es in Chicago erlaubt, nackt vor einem Rathaus zu protestieren, wenn man unter 17 Jahren ist und eine Genehmigung besitzt.

In Illinois muss jeder die Polizei anrufen, bevor er mit seinem Auto in eine Stadt reinfährt.

In Joliet dürfen Frauen nicht mehr als sechs Kleider anprobieren, sonst können sie verhaftet werden.

In Eureka dürfen Männer mit einem Schnurrbart, nicht in der Öffentlichkeit küssen.

In Winnetka dürfen Schauspieler eines Theaters, Zuschauer mit üblem Fußgeruch rausschmeißen.

In Moline ist es verboten, am Flussufersee von Juni bis August mit Schlittschuhen zu laufen.

In Kenilworth müssen Hähne zum Krähen 100 m vom nächsten Wohnhaus entfernt sein und Hennen zum Gackern nur 66 m.

Es ist verboten, einen französischen Pudel mit in die Oper zu nehmen.

In Balesburg ist das Erschlagen von Ratten mit Baseballschlägern strafbar, und kostet 1.000 Dollar!

In Illinois musste ein Affe für fünf Tage ins Gefängnis, weil er bei einem Ladendiebstahl erwischt wurde.

In Illinois müssen alle gesunden Männer zwischen 21 und 50 Jahren, zwei Tage im Jahr im Straßenbau arbeiten.

Die Englische Sprache darf nicht gesprochen werden. Die Offiziell anerkannte Sprache ist "amerikanisch".

In Champaign ist es verboten, in den geöffneten Mund seines Nachbarn zu urinieren

---

Man kann wegen Landstreicherei verhaftet werden, wenn man nicht mindestens einen Dollar dabei hat

---

Wenn sie andere heimlich belauschen, können sie aufgrund ihrer eigenen Aussage mit bis 3 Jahren Gefängnis bestraft werden.

Chicago: Drachenfliegen innerhalb der Stadtgrenzen ist verboten.

Chicago: Ausspucken ist verboten.

Chicago: Im Pullman-Wagen eines Zuges ist das Biertrinken aus Eimern verboten.

Chicago: Während sie auf einem Giraffenhals sitzen, dürfen sie nicht fischen.

Champaign: Sie dürfen nicht in den Mund eines anderen pinkeln.

Cicero: Auf öffentlichen Straßen ist an Sonntagen das Summen und Pfeifen verboten.

Crete: Der Versuch einer sexuellen Handlung mit und an einem Hund eines anderen ist eine ernsthafte Straftat.

Crete: Autos dürfen nicht durch die Stadt gefahren werden.

Des Plaines: Kutschen dürfen nicht mit einem "zu Verkaufen" Schild an Bäume gebunden werden.

Evanston: Außer im Brandfall ist es nicht erlaubt, in einem Auto die Kleidung zu wechseln, wenn die Vorhänge geöffnet sind.

Fairfield: Es ist "Negern" verboten, sich zwischen Sonnenuntergang und Sonnenaufgang innerhalb der Stadtgrenzen aufzuhalten.

Evanston: Bowling ist verboten.

Freeport: Das Spucken aus einem Fenster im 2.Stockwerk ist verboten.

Homer: Es ist verboten, eine Schleuder zu benutzen, außer sie sind ein Polizeibeamter in Ausübung ihres Amtes.

Joliet: Das falsche Aussprechen des Stadtnamens ist strafbar mit einer $ 5 Strafe.

Moline: Auf der 23. Straße ist das unnötige und wiederholte hin- und herfahren verboten.

Orland Park: In öffentlichen Gebäuden ist das Aufstellen von Billardtischen untersagt, da es das Spielen unterstützt.

Ottawa: Auf den Gehweg spucken ist eine kriminelle Straftat.

Park Ridge: Lkws dürfen nur innerhalb von geschlossenen Garagen parken.

Peoria: Basketball-Körbe dürfen nicht an Straßen installiert werden.

Ein Gesetz in Guernee verbietet Frauen mit mehr als 200 Pfund Lebendgewicht, in Shorts auf Pferden zu reiten.

INDIANA

In Gary ist es untersagt, innerhalb von vier Stunden nach dem Genuss von Knoblauch ein Kino oder ein Theater zu besuchen und öffentliche Verkehrsmittel in Anspruch zu nehmen.

Ein Gesetz verbietet es, während der Wintermonate ein Bad zu nehmen.

Ein Friseur, der in Elkhard einem Kind androht, ihm die Ohren abzuschneiden, macht sich strafbar.

Es ist verboten, im Flughafenbereich von Bicknell Eiscreme mit einer Gabel zu essen.

In Indiana ist es ungesetzlich, wenn ein Mann der regelmäßig jemanden küsst, sich einen Schnurrbart wachsen lässt.

In Beech Grove ist es untersagt, Wassermelonen in einem Park zu verspeisen.

In Indiana dürfen Konservendosen nicht aufgeschossen werden.

In French Lick Springs müssen schwarze Katzen am Freitag den 13. Glocken tragen.

In South Bend dürfen Affen keine Zigaretten rauchen.

In Indiana haben die Bewohner bis vor kurzem die Zahl Pi (3,1415...) als eine glatte 4 angesehen.

Scheckfälschen kann mit öffentlichem Auspeitschen mit bis zu 100 Schlägen bestraft werden.

Fußgänger welche nachts die Autobahn überqueren, dürfen keine Schlusslichter tragen.

Männer dürfen in einer Bar nicht stehen.

Niemand darf einen Fisch nur mit der Hand fangen.

Um das Kartenspiel zu verhindern, wird jeder Kartenspieler in Indiana mit einer Strafe von 3 US-Dollar pro Kartenspielpackung bestraft.

Puppenspiel, Drahtseiltanz und akrobatische Veranstaltungen gegen Geld werden in Indiana mit einer Strafe von 3 US-Dollar bestraft, um unmoralische Veranstaltungen zu verhindern.

Einwohner ab l4 Jahren, die den Namen von Gott, Jesus Christus oder des Heiligen Geistes beleidigen oder in ihrem Namen fluchen, werde für jede Tat mit I US-Doliar bestraft. Die Höchststrafe für notorische Flucher und Lästerer kann sich auf 10 US—Dollar belaufen.

Die Bettlaken in Hotels müssen exakt 99 lnches lang und 81 lnches breit sein.

Alle Männer zwischen I8 und 50 Jahren müssen an sechs Tagen im Jahr beim Bau öffentlicher Straßen und Wege mitarbeiten.

Boshaftes Tratschen ist verboten.

Regierungsmitarbeiter, die in ein Duell verwickelt werden, können ihres Amtes enthoben werden.

Sie müssen ihr Getränk in ein Glas schütten.

In einer Bar kann das Trinken aus einer eigenen Flasche mit Gefängnis bestraft werden.

Freigetränke auf Kosten des Hauses sind illegal. Gastwirte, die gleichwohl Freigetränke anbieten, können damit bestraft werden, ein ganzes Jahr nur Milch und Wasser ausschenken zu dürfen.

Niemand darf einen Cocktail von der Bar an einen Tisch tragen. Dies darf ausschließlich der dort angestellte Kellner tun.

Jungen dürfen nicht auf Bäume klettern. Männer ab I6 Jahren, die auf Bäume klettern, können mit einer Geldstrafe belangt werden. Männer, die auf Bäume klettern, deren Äste über ein Nachbargrundstück reichen, können mit bis zu einem Monat Gefängnis bestraft werden.

Niemand darf rückwärts in eine Parklücke fahren, weil es die Polizei daran hindert, das Nummernschild zu erkennen. (Dieses Gesetz ermöglicht es Polizisten, die Nummernschilder aller parkenden Fahrzeuge von der Straße aus zu kontrollieren.)

Im Bundesgerichtshof darf nicht geraucht werden. Es sei denn, der Gerichtshof tagt.

Lebensmittelgeschäfte dürfen keine gekühlten Alkoholika verkaufen.

Ein Schnapsladen darf keine kalten Erfrischungsgetränke verkaufen. Ebenso darf dort keine Milch und kein Milchshake angeboten werden. (In einem Gesetz zur Lizensierung von Spirituosenhändlern wird in einer Liste festgelegt, welche Waren in Spirituosengeschäften verkauft werden dürfen. Waren, die nicht auf der Liste stehen, gelten als verboten.)

Jemand, der einen Vogel oder einen Hasen färbt, lackiert oder das Aussehen des Vogels oder Hasen in anderer Weise verändert, begeht eine Straftat.

Das Verkaufen von Autos ist an Sonn- und Feiertagen untersagt

---

Balancieren auf dem Bordstein ist strengstens verboten

Oral-Sex ist illegal.

Ein Mann über 18 Jahren kann wegen Vergewaltigung und Notzucht eingesperrt werden, wenn seine Beifahrerin jünger als 17 Jahre ist und keine Schuhe und Socken angezogen hat.

Männer dürfen in der Öffentlichkeit nicht sexuell erregt sein.

Aubrun: Das Radfahren, Inline-Skaten, Skateboard oder Roller-Skate fahren in geschäftlichen Bereichen ist verboten. Die Höchststrafe dafür beträgt $ 5 bzw. die Beschlagnahme des Fahrzeugs für höchstens 30 Tage.

Beech Grove: Im Park ist das Essen von Wassermelonen verboten.

Evansville: Wenn sie auf der Hauptstraße fahren, dürfen ihre Lichter nicht eingeschaltet sein.

Fort Wayne: Während einer Radiosendung darf das Lied "It is in the book" weder gespielt noch verkauft werden.

Es ist verboten, im Flughafenbereich von Bicknell, Indiana Eiscreme mit einer Gabel zu essen.

IOWA

Ein Gesetz in Fort Madison legt fest, dass die Feuerwehr erst 15 Minuten die Brandbekämpfung üben muss, bevor sie zu einem Einsatz ausrücken darf.

In Ottumwa ist es jeder männlichen Person untersagt, innerhalb der Stadtgrenzen einer unbekannten Frau zuzuwinken.

Die Gesetze in Ames gestatten es einem Ehemann nicht, mehr als drei Schluck Bier zu sich zu nehmen, wenn er eine Frau im Arm hält oder neben ihr im Bett liegt.

In Marshalltown ist es Pferden gesetzlich untersagt, Hydranten aufzuessen.

In Iowa darf man sich nicht länger als 5 Minuten küssen.

Ein Gesetz des Staates verbietet es jedem Etablissement, für ein Konzert eines einarmigen Pianisten Eintritt zu kassieren.

Ein Mann mit einem Schnurrbart darf in der Öffentlichkeit niemals eine Frau küssen.

Es ist ein Gesetzesverstoß, wenn jemand Drogen oder Rauschgift verkauft oder verteilt, ohne einen gültigen "Iowa-Drug-Tax-Stamp" erhalten zu haben. Das ist zu vergleichen mit den deutschen Steuerbanderolen für Zigaretten.

Dubuque: Jedes Hotel innerhalb der Stadtgrenze muss im Eingangsbereich eine Haltestelle und einen Wassereimer haben.

Indianola: Fahrende Eisverkäufer sind verboten.

Marshalltown: Pferden ist es verboten, Feuerhydranten zu fressen.

KALIFORNIEN

In Los Angeles. darf jeder Mann seine Frau mit einem Lederriemen schlagen, vorausgesetzt, der Riemen ist nicht breiter als zwei Inches (5 cm). Benutzt er einen breiteren Riemen, bedarf es der vorherigen Erlaubnis seiner Ehefrau.

In Los Angeles verbietet es ein Gesetz, Motten unter Straßenlaternen aufzulauern und zu töten.

In Los Angeles ist es nicht gestattet, zwei Babys zur gleichen Zeit in einer Wanne zu baden.

In Los Angeles darf im Zeugenstand nicht geweint werden.

In Los Angeles ist das betatschen von Truthähnen um zu prüfen wie zart er ist, verboten.

In Los Angeles ist der Besitz eines Flusspferdes ein Verbrechen.

In Baldwin Park verstößt das Fahrradfahren in einem Swimmingpool gegen das Gesetz. (Dieses Gesetz wurde erlassen, weil entleerte Swimming-Pools häufig von BMX-Fahrern zu Trainingszwecken missbraucht wurden.)

Nach kalifornischem Recht dürfen Frauen, welche einen Morgenmantel tragen, kein Auto fahren.

In Kalifornien wurde ein Gesetz verabschiedet, nach dem es illegal ist, Kinder am Überspringen von Pfützen zu hindern.

Schnurrbartträgern ist es in Eureka nicht erlaubt, eine Frau zu küssen.

Es dürfen nicht mehr als 2000 Schafe gleichzeitig den Hollywood Boulevard runtergetrieben werden.

In Cupertino ist es illegal, gut hörbar rückwärts im Hexadezimalsystem zu zählen.

In Ventura County ist es Hunden und Katzen gesetzlich verboten, ohne vorheriger Erlaubnis miteinander Sex zu haben.

In San Francisco dürfen hässliche Menschen nicht die Straße entlang gehen.

Tiere dürfen sich in Kalifornien nur paaren, wenn sie mehr als 1.500 (500 m) Fuß von der nächsten Kneipe, Schule der Kirche entfernt sind.

Im Jahre 1930 verabschiedete der City Council of Ontario eine Verordnung, die es Hähnen untersagte, innerhalb der Stadtgrenzen zu krähen.

In Belvedere ließt sich eine Anordnung der Stadtverwaltung etwas seltsam: "No dog shall be in a public place without its master on a leash." (Kein Hund darf in die Öffentlichkeit, ohne sein Herrchen an der Leine zu führen).

Nur in San Francisco wird der Bevölkerung durch eine Verordnung Sonnenschein garantiert.

In San Francisco ist es verboten, sein Auto mit einer benutzten Unterhose zu polieren.

Oralsex ist in San Francisco verboten.

Eine Mausefalle darf nur von Personen mit gültiger Jagderlaubnis aufgestellt werden.

In Brawley wurde eine Resolution verabschiedet, welche Schnee innerhalb der Stadtgrenzen verbietet.

In Riverside dürfen die Bürger zwischen 11 und 13 Uhr ihr Mittagessen nicht die Straße entlang tragen.

In Long Beach dürfen nur Autos in der Garage stehen. Sonst nichts.

In Berkeley ist es untersagt, vor 7 Uhr einem entflogenen Kanarienvogel nachzupfeifen.

Wer in Chico innerhalb der Stadtgrenzen nukleare Sprengsätze zündet, muss 500 Dollar Strafe bezahlen.

In Carmel dürfen Frauen keine hohen Absätze tragen.

In Glendale dürfen Horrorfilme nur von Montags bis Mittwochs gezeigt werden.

In Long Beach ist es untersagt, auf einem Golfplatz zu fluchen.

In Kalifornien darf man keine Haustiere besitzen. Ausnahme : Goldhamster.

Ein Fahrzeug ohne Fahrer, darf nicht schneller als 96 km/h fahren.

Eine Verordnung in Blyte bestimmt, das eine Person mindestens zwei Rinder besitzen muss, bevor sie in aller Öffentlichkeit Cowboystiefel tragen darf.

In Arcadia haben alle Pfauen auf den Straßen Vorfahrt.

In Pasadena dürfen Sekretärinnen nicht mit ihrem Chef allein im Zimmer sein.

Badeanstalten sind in Kalifornien gesetzlich verboten. Von dem Verbot sind alle Arten von Mineralquellen, Whirlpools, Saunen und Dampfbäder, öffentliche Badeanstalten, Schlamm-, Mineral- u. Schwimmbäder betroffen.
(Dieses Gesetz wurde während der ersten AIDS-Hysterie Anfang der 80er Jahre verabschiedet. Durch diese Maßnahme sollte die Verbreitung der Seuche verlangsamt werden. Man glaubte, dass es in öffentlichen Badeanstalten häufiger als anderswo zu anonymen Sexualkontakten kam.).

Es ist verboten, aus einem fahrbaren Untersatz nur zum Spaß auf irgendwelche Ziele zu schießen. Es sei denn, das Ziel ist ein Wal.

Das Fahren mit einer Haushaltsschürze ist Frauen verboten.

In Tierkäfigen müssen Eidechsen und Schlangen unter den gleichen Bedingungen wie Hunde und Katzen gehalten werden.

Arcadia: Truthähne haben das Recht, jede Straße zu überqueren. Auch Autobahnen.

Arcadia: Ohne ausreichende Erlaubnis ist das Abstellen von Fahrzeugen über Nacht verboten.

Burlingame: Ausspucken ist verboten. Ausnahme: auf Baseball Male (Das sind auf dem Boden liegende Zielpunkte die beim Baseballspiel erreicht werden müssen)

Carmel: Auf Gehwegen ist das Eis essen verboten. Das Gesetz wurde erlassen, als Clint Eastwood Bürgermeister war.

Chico: Das Zünden von Atomwaffen wird innerhalb der Stadtgrenzen mit $ 500 bestraft.

Downey: Das Autowaschen auf der Straße ist verboten.

Lafayette: Das Spucken auf den Boden ist im Umkreis von 1 Meter zu einer anderen Person verboten.

Lafayette: Es ist verboten, Hähne zu besitzen oder darüber zu verfügen, bzw. diese zu Erheben. Dies ist eine ernsthafte Ruhestörung.

Long Beach: Auf Mini-Golf Plätzen zu fluchen ist verboten.

Los Angeles: Bei Straßenbeleuchtung ist es verboten, Nachtfalter zu jagen.

Los Angeles: Das Abschlecken von Kröten ist verboten.
(Dieses Gesetz wurde erlassen, weil eine in Kalifornien heimische Krötenart ein Sekret absondert, das eine ähnlich berauschende Wirkung wie Heroin hat.)

Los Angeles: Es ist ein Verbrechen von Hunden, sich im Umkreis von 547 Metern zu einer Kirche aufzuhalten. Das Verstoßen gegen dieses Gesetz wird mit einer Strafe von $ 500 und/oder 6 Monate Gefängnis bestraft.

Im Jahre 1930 verabschiedete der City Council of Ontario, Kalifornien, eine Verordnung, die es Hähnen untersagte, innerhalb der Stadtgrenzen zu krähen.

Pacific Grove: Das Belästigen von Schmetterlingen kann mit $ 500 bestraft werden.

Palm Springes: Zwischen 16 Uhr und 18 Uhr ist es verboten, ein Kamel auf der Straße "Canyon Drive" zu bewegen.

Prunedale: In einem Haus dürfen keine 2 Badewannen eingebaut werden.

Redlands: Motorbetriebene Fahrzeuge dürfen innerhalb der Stadtgrenzen nicht benutzt werden; es sei denn, eine Person mit einer Laterne läuft voraus.

San Diego: Vom Rücksitz eines Straßenfahrzeugs aus, dürfen keine "Jackrabbits" erschossen werden.

San Diego: Hausbesitzer, die ihre Weihnachtsbeleuchtung nicht bis zum 2. Februar entfernt haben, können mit $ 250 bestraft werden.

San Franzisco: Elefanten dürfen die Hauptstraße nur dann für einen Spaziergang benutzen, wenn sie angeleint sind.

San Franzisco: An Straßenecken ist es verboten, Pferdeäpfel höher als 6 Fuß hoch aufzutürmen.

San Jose: Es ist verboten, mehr als 2 Hunde oder Katzen zu besitzen.

Santa Monica: Das Benutzen von Schlagzeugen (musikalisch) am Strand ist verboten.

Temecula: Enten haben auf der "Rancho California" Straße Vorfahrt.

In Los Angeles/Kalifornien sind aufwändige, farbenprächtige Anzüge (zoot suits) gesetzlich verboten.
(Dieses Gesetz wurde in den 40er Jahren erlassen. Aufgrund der amerikanischen Kriegsanstrengungen waren gute Textilstoffe rar und Kleidungsstücke, für die mehr Textilien als unbedingt nötig verarbeitet wurden, galten als unpatriotisch. Solche Kleidungsstücke wurden hauptsächlich von Mexikanern und Bürgern spanischer Abstammung getragen, was einige Jugendliche zum Anlass nahmen, diese Bevölkerungsgruppe tüchtig aufzumischen (zoot suit riots). Dieses Gesetz war ein Versuch der Stadt LA, solche Aufstände zu unterdrücken.)

Nach Berichten der Zeitung 'San Francisco Chronicle' ist ein Gesetz geplant, welches es jungen Kaliforniern unter 21 verbietet, Sonnenstudios aufzusuchen. Betreiber von Sonnenstudios sollen für jeden illegal gebräunten Jugendlichen mit 2500 Dollar zur Kasse gebeten werden.
(Durch dieses Gesetz sollen junge Menschen gegen mögliche Schäden durch ultraviolette Strahlung geschützt werden. In Frankreich ist bereits Jugendlichen unter 18 die Benutzung von Sonnenstudios untersagt.)

Eine Verordnung in Riverside, USA bestimmt, das sich zwei Personen erst dann küssen dürfen, wenn sie ihre Lippen mit karbolsauerem Rosenwasser abgewischt haben.

In Brawley, USA wurde eine Resolution verabschiedet, welche Schnee innerhalb der Stadtgrenzen verbietet.

Gegen die Gesetze des Staates Kalifornien verstößt man, wenn man auf den dortigen Friedhöfen Gemüse anpflanzt.

San Francisco: Es ist nicht gestattet auf Kleidung anderer Leute zu spucken

---

Entenjagd aus Flugzeugen ist verboten

KANSAS

In Kansas ist es illegal, an einem Sonntag Schlangen zu essen.

In Topeka ist die Installation von Badewannen verboten.

Niemand darf in Kansas einen Fisch mit den bloßen Händen fangen.

In Wichita wird die Misshandlung eines Mannes durch seine Schwiegermutter nicht als Scheidungsgrund anerkannt.

In Wichita ist es Vätern verboten, die Freunde ihrer Töchter mit einem Gewehr zu erschrecken.

Lautes Rülpsen ist auf dem Flughafengelände von Halstead verboten.

Ein Gesetz des Staates verlangt, dass alle Fußgänger, welche nachts einen Highway überqueren, ein Schlusslicht tragen müssen.

In Natoma ist es gesetzlich untersagt, Messer auf Männer in gestreiften Anzügen zu schleudern.

In Kansas ist es gesetzlich verboten Hasen von einem Motorboot aus zu jagen.

In der Stadt Lang ist es illegal, im August auf einem Muli auf der Hauptstraße zu reiten, es sei denn, das Muli trägt einen Strohhut.

Es ist untersagt, sein Gebiss in öffentlichen Trinkbrunnen zu waschen.

In Kansas dürfen Hühnerdiebe nur nachts arbeiten.

In Kansas darf man bei der Entenjagd keine Maultiere einsetzen.

In Kansas wurde erst kürzlich ein Gesetz verabschiedet, welches besagt, dass jeder Kriminelle seine Tat dem potentiellen Opfer mindestens 24 Stunden vor der Tat schriftlich oder mündlich ankündigen muss.

Wenn sich zwei Züge auf der gleichen Schiene treffen ... darf keiner von beiden weiterfahren, bevor nicht der andere passiert hat.

Dodge City: Das Spucken auf den Gehweg ist verboten.

Dodge City: Alle Geschäfte müssen einen Wassertrog für Pferde haben.

Lawrence: Alle Autos die in die Stadt einfahren, müssen zuerst durch Hupen alle Pferde vor ihrer Ankunft warnen.

Lawrence: Niemand darf eine Biene im Hut tragen.

Russell: Musikalische Autohupen sind verboten.

Kansas City: Minderjährigen ist der Erwerb von Pistolen verboten, Gewehre dürfen sie jedoch kaufen.

Salina: Es ist verboten, einen Wagen unbeaufsichtigt laufen zu lassen.

Wichita: Bevor ein Autofahrer die Gegend von Broadway und Douglas durchfährt, muss er zuerst aussteigen und 3 Schüsse in die Luft abgeben.

McLough: Es ist untersagt, künstliche Gebisse in einem öffentlichen Trinkbrunnen zu waschen.

Die 210 Einwohner des Ortschaft Geuda Springs müssen seit 2003 laut einer Verordnung des Gemeinderates eine Schusswaffe samt Munition im Haus haben. Wer keine Waffe hat, muss mit einer Strafe von 10$ rechnen.
(Der Gemeinderat verabschiedete diese Verordnung, weil es in Geuda Springs keine Polizeistation gibt.)

Durch Gesetzbeschluß gilt jeder Mann oder jede Frau so lange als nüchtern, bis er oder sie nicht mehr aufrecht stehen kann.

KENTUCKY

In Frankfort ist es ausdrücklich untersagt einem Polizeibeamten seine Krawatte abzuschießen.

Ein Gesetz verbietet es jeder Person, ohne Polizeischutz in einen Badeanzug die Straßen der Städte oder Dörfer des Staates zu betreten.

Keine Frau darf in einem Badeanzug irgendeinen Highway des Staates betreten, wenn sie nicht mindestens von zwei Polizisten eskortiert wird oder mit einem Knüppel bewaffnet ist. Dieses Gesetz tritt nicht in Kraft, wenn die Frau weniger als 90 Pfund oder mehr als 200 Pfund wiegt oder es sich um ein weibliches Pferd handelt.

In Kentucky muss zumindest einmal im Jahr gebadet werden.

In Lexington ist es illegal, Eiscremehörnchen in der Hosentasche zu transportieren.

In Owensboro darf keine Frau ohne Einverständnis des Mannes einen Hut kaufen.

In Owensboro ist passiver Analsex verboten.

Für das Gesetz ist jede Person die trinkt, solange nüchtern, wie sich die Person ohne fremde Hilfe auf den eigenen Beinen halten kann.

Eine Frau darf denselben Mann nicht mehr als viermal wiederheiraten.

In Kentucky ist es nicht gestattet, Reptilien in den Gottesdienst einzubeziehen. Schlangenbeschwörungen in der Kirche kosten zwischen $50 und $100.

Frauen dürfen nicht im Badeanzug auf die Straße ... es sei denn, sie wiegen weniger als 42 bzw. mehr als 92 Kilo, oder sie sind bewaffnet.

Jede Person, die eine Reptilienart während einer religiösen Versammlung oder religiösen- Dienstleistung zur Schau stellt, damit umgeht oder sie benutzt, soll mit mindestens 40 und maximal 100 US Dollar bestraft werden.

In Kentucky ist das Fischen mit Pfeil und Bogen verboten.

Im Ohio-River ist das Fischen ohne Indianer-Angel-Erlaubnis verboten.

Alle Bienen die nach Kentucky kommen, sollen ein Zertifikat bei sich führen, welches nachweist, dass das Herkunftsbienenhaus frei von ansteckenden oder infektiösen Krankheiten ist. (Wurde 1948 aufgehoben).

LOUISIANA

Ein Gesetz verbietet es Bankräubern, nach dem Überfall mit einer Wasserpistole auf den Kassierer zu schießen.

Beißt man eine Person mit den natürlichen Zähnen, so wird dies als 'einfaches Vergehen' gewertet Beißt man hingegen mit den Dritten zu, so ist dies ein 'schweres Vergehen'.

In Louisiana ist es verboten in der Öffentlichkeit zu gurgeln.

In Louisiana ist das Anbinden von Alligatoren an Hydranten untersagt.

In Louisiana dürfen Menschen so groß werden wie sie wollen. Eine Beschränkung der Körpergröße gibt es nicht.

In Lake Charles ist es Regenpfützen nicht erlaubt, länger als 12 Stunden auf dem Vorderrasen zu bleiben.

In New Orleans ist es Frauen auch untersagt ein Fahrzeug zu fahren, wenn nicht ihr Mann Fahne schwenkend vor ihr läuft.

In Hotels und Motels ist es verboten, zu schnarchen, wenn andere Gäste dadurch gestört werden. Bei Zuwiderhandlung droht eine Geldstrafe.

New Orleans: Anbinden eines Alligators an einen Feuerhydrant ist verboten.

Ein 1999 in Louisiana verabschiedetes Gesetz verdonnert Schüler vom Kindergarten bis zur fünften Klasse zur Höflichkeit. Sie müssen ihre Lehrer ab sofort mit 'Sir' oder 'Madam' ansprechen. 'Yes, Sir, Mr. Teacher!'

Paare in Louisiana, die ein Bett kaufen wollen, dürfen im Laden weder real noch simuliert testen, ob dieses ihren sexuellen Wünschen auch genüge tut.

MAINE

Laut in der Öffentlichkeit zu schnäuzen ist in Waterville gesetzlich untersagt.

In Augusta ist es verboten, während des Straßenbummels Violine zu spielen.

In Portland ist es gesetzlich vorgeschrieben, dass die Schnürsenkel beim Gehen auf der Straße zugebunden sein müssen.

Hochzeitszeremonien durften in Portland bis 1989 nicht auf einer Eis- oder Rollschuhbahn stattfinden.

In Maine ist es verboten, ein Flugzeug während des Fluges zu verlassen.

In Maine ist es untersagt, ein Mädchen mit einem Staubwedel unter dem Kinn zu kitzeln.

In Maine ist das Belästigen von Alligatoren strafbar.

In Maine gibt es ein Gesetz, dass eine legale Jagdzeit auf alle Anwälte fordert.

Die Weihnachtsdekoration muss bis spätestens zum 14. Januar entfernt werden, oder man muss eine Geldstrafe bezahlen.

Es ist Mietern verboten, ihre Vermieter zu beißen

In Portland dürfen Männer Frauen nicht mit einer Feder am Kinn kitzeln.

Es ist erforderlich ein Gewehr mit in die Kirche zu nehmen, falls man durch einen Indianerangriff überrascht wird.

MARYLAND

Es ist illegal, Austern zu misshandeln.

Das Anti-Kuss-Gesetz der Stadt Halethrope besagt: Kein Kuss darf länger als eine Sekunde dauern.

In Baltimore ist es verboten, Waschbecken zu säubern, egal wie dreckig sie auch sind.

Ebenso ist das werfen von Heuballen aus dem zweiten Stock eines Gebäudes untersagt.

In Ocean City ist es verboten, während des Schwimmens im Ozean zu Essen.

In Maryland dürfen Kondome nicht in Automaten verkauft werden. Ausnahme: Orte an denen alkoholische Getränke zum sofortigen Konsum verkauft werden.

In Woodstock ist es verboten, mit einem Bären, der nicht an der Leine ist, die Straße entlang zu gehen.

Es dürfen keine Disteln angepflanzt werden.

Baltimore: Löwen dürfen nicht ins Kino mitgenommen werden.

Es ist überall verboten, Oral-Sex zu erhalten oder zu geben.

Baltimore: Es verstößt gegen die Grünanlagen-Vorschrift, wenn Sie in einer öffentlichen Grünanlage ein ärmelloses Hemd tragen. Dies betrifft auch Jogger "oben-ohne". Die Strafe beträgt $ 10.

Baltimore: Trampern oder Landstreichern ist der Aufenthalt in allen öffentlichen Grünanlagen grundsätzlich verboten. Ein Tramper ist eine Person, die zum Betteln herumvagabundiert. Ein Landstreicher ist eine Person, die ohne Not nicht mehr arbeiten will. Die Strafe beträgt $ 50,-

---

Nach dem City Code der Stadt Baltimore ist es verboten, Minderjährigen in den Osterferien Hühner- oder Entenküken zu verkaufen.

Baltimore: Auf die Straße zu Spucken ist erlaubt. Auf den Gehweg hingegen nicht.

Baltimore: Das Fluchen innerhalb der Stadtgrenzen ist verboten.

Columbia: Da Wäscheleinen verboten sind, dürfen Sie Ihre Wäsche über den Zaun hängen.

Ocean City: Ein Gesetz aus den frühen 1900 Jahren, verbietet Männern das Benutzen des Gehwegs mit freiem Oberkörper. (Wurde zwischenzeitlich aufgehoben).

Columbia: Eine ungesicherte Antenne außerhalb des Hauses anzubringen, ist verboten. Eine 25" SAT - Schüssel ist hingegen erlaubt.

Im Kreis Montgomery kann seit Ende 2001 der Zug an einer Zigarette in der eigenen Wohnung mit einer Strafe von 750 Dollar geahndet werden.
(Die Strafe wird fällig, wenn der Zigarettenrauch durch Türen, Fenster, Entlüftungsschlitze oder Wandritzen in die Nase des Nachbarn wabert.)

MASSACHUSETTS

In Massachusetts ist es Taxifahrern verboten, während des Dienstes auf den Vordersitzen Liebe zu machen.

In Massachusetts ist es gegen das Gesetz, Duelle mit Wasserpistolen auszutragen.

In Salem ist es selbst verheirateten Paaren verboten, nackt in gemieteten Räumen zu schlafen.

In Milford ist es verboten, durch Autofenster zu spähen.

Bei der Zubereitung einer Suppe aus Venusmuscheln dürfen keine Tomaten hinzugegeben werden.

Wer in Massachusetts in den Regalen einer Bäckerei herumliegt, macht sich eines Verbrechens schuldig.

Allen Hunden müssen im Monat April die Hinterbeine zusammengebunden werden.

In Brockton müssen die Bürger eine Lizenz beantragen, um eine Schneiderei betreten zu dürfen.

Ein Gesetz verbietet es, die Füße zwecks Abkühlung aus dem Fenster hängen zu lassen.

Das Lesen von Büchern oder Zeitungen in den Straßen ist in Southbridge nach 20.00 Uhr verboten.

In Massachusetts ist es ungesetzlich, an einem Sonntag Windeln auszuliefern.

Im Jahre 1659 wurde Weihnachten als ungesetzlich erklärt.

In Fitchburg dürfen sich Friseure keinen Kamm hinter dem Ohr tragen.

Ein Gesetz verbietet es Trauernden, während des Leichenschmaus' mehr als drei Sandwiches zu essen.

Eine alte Verordnung erklärt alle Spitzbärte als illegal, es sei denn, der Träger bezahlt eine Gebühr für das Privileg, einen tragen zu dürfen.

Bevor nicht alle Fenster geschlossen und sicher verriegelt sind, ist das Schnarchen strengstens verboten.

In Holyoke gibt es ein Gesetz, welches das Wässern eines Rasens während eines Regenschauers unter Strafe stellt.

In Longmeadow ist es verboten, dass zwei Männer eine Badewanne durch öffentliche Grünanlagen tragen.

In Massachusetts ist es nicht erlaubt, Gorillas auf dem Rücksitz zu befördern.

Fußgänger haben in Boston immer Vorrang.

In Boston ist es verboten, sich vor einer Kirche zu küssen.

Außerdem darf man in Boston nicht in der Kirche essen.

Rennpferde dürfen in Boston keine religiösen Zeremonien stören.

In Boston ist es verboten, ein Bad zu nehmen. Es sei denn, ein Arzt hätte es angeordnet.

Außerdem verbietet es, ein altes Gesetz in Boston, an einem Sonntag ein Bad zu nehmen.

Zudem macht sich auch jeder strafbar, der in Boston öfter als zweimal im Monat ein Bad nimmt.

Außerdem darf jeder in Boston seine Schafe und Kühe in öffentlichen Gärten und auf Geimeindeflächen grasen lassen, außer am Sonntag.

In Boston sind am Sonntag alle Zuneigungsbekundungen verboten.

In Massachusetts darf eine Frau beim Sex nicht oben liegen.

Jeder Bürger in Marlborough darf nicht mehr als zwei Hunde besitzen.

Im Staat Massachusetts dürfen weder Hexen, noch Quäker (Anhänger einer evangelischen Sekte) leben.

In sind Kugeln keine gesetzlichen Zahlungsmittel.

Es ist verboten ins Bett zu gehen, wenn man nicht vorher ein Vollbad hatte.

Vor dem 1.Mai ist es verboten, weniger als 24 Enten auf einmal zu verkaufen.

Außerdem ist es verboten, Hasen, Hühner oder Enten zu verkaufen, deren Aussehen durch künstliche Farbe verändert wurde.

Beim Bau eines Hauses darf niemand auf Stelzen arbeiten.

Es ist verboten, mexikanisches, texanisches oder indianisches Vieh auf öffentlichen Straßen zu treiben.

Tätowieren und Piercen ist verboten

Kinder dürfen zwar rauchen, aber keine Zigaretten kaufen.

Die Zusammenarbeit mit der Kommunistischen Partei ist verboten.

Öffentliche Boxveranstaltungen sind ungesetzlich.

Das Beschädigen oder Zerstören eines Pfostens von einem Football Tor wird mit 200 US-Dollar bestraft.

Es ist illegal, eine Taube zu erschrecken.

Das Verunstalten eines Milchkartons wird mit 10 US Dollar bestraft.

Alle Männer müssen sonntags ein Gewehr in die Kirche mitnehmen.
(Das Gesetz wurde aufgehoben.)

Sonntags ist die Jagd verboten.

In einer Stadt darf ein Maultier nicht im 2.Stockwerk eines Hauses aufbewahrt werden, es sei denn, das Haus hat mindestens 2 Ausgänge.

Besondere alkoholische Getränke sind illegal.

Boston: Das Spielen einer Fiedel ist verboten.

Boston: Um sich vor Bären zu schützen, ist das Durchqueren der Grenzen von Boston nur erlaubt, wenn man ein Gewehr mitführt.

Boston: Jedermann darf in den öffentlichen Plätzen und Einrichtungen seine Schafe und Kühe weiden lassen. Außer Sonntags.

Boston: Erdnüsse in der Kirche essen, ist verboten.

Boston: Duelle am Sonntag mit möglichem tödlichem Ausgang sind in den öffentlichen Bereichen von Boston nur dann erlaubt, wenn der Gouverneur anwesend ist.

Boston: Frauen dürfen in der Öffentlichkeit nur Absätze von max. 3 Inches tragen.

Boston: Niemand darf mehr als 3 Hunde besitzen.

Burlington: Das Umherlaufen mit einem Drink ist verboten.

Cambridge: Das Ausschütteln von Teppichen auf der Straße ist verboten.

Cambridge: Das Wegwerfen von Orangenschalen auf den Gehweg ist verboten.

Cambridge: Um Sonntags in einem öffentlichen Park, Fußball, Gälischen Football oder Schleuder spielen zu dürfen, benötigen sie eine extra Erlaubnis. Diese kostet $ 50.

Hingham: Ein Haus das von der Hauptstraße gesehen werde kann, darf nur mit weißem Licht, nicht mit buntem Licht geschmückt werden.

Wenn Sie ihr Haus in der Main-Street neu streichen wollen, muss die neue Farbe zu dem Gesamtbild der historischen Stadt passen.

Hopkinton: Während Pferde und Kühe auf öffentlichen Plätzen erlaubt sind, sind Hunde verboten.

Marlboro: Kaufen, verkaufen oder anbieten von Schrotflinten ist verboten.

Marlboro: Niemand darf eine atomare Bombe innerhalb der Stadt zünden.

Milford: Durch die Fenster in ein Auto sehen ist verboten.

Newton: Der Bürgermeister muss jeder Familie ein Mastschwein schenken.

North Andover: Ein Gesetz verbietet das Benutzen von Zimmerwaffen.

Woburn: Das Umherlaufen in einer Bar mit einem Bier in der Hand ist verboten

---

Elefanten ist es verboten Bier zu trinken.

MICHIGAN

Ein Gesetz des Staates Michigan stellt das ungebührliche Benehmen von Männern in Gegenwart von Frauen und Kindern unter Strafe. Laut dem Gesetz ist es verboten, in Nähe oder in Hörweite von Frauen und Kindern 'unanständige, unmoralische, obszöne, vulgäre oder beleidigende Wörter' zu gebrauchen.
(Noch 1999 wurde ein Mann aufgrund dieses Gesetzes von 1897 verurteilt. Der Mann unternahm eine Kanutour, die jäh an einem Felsen endete. Der durchnässte Hobbykanute ließ seinem Ärger verbal freien Lauf, wobei Worte fielen, die in der amerikanischen Gesellschaft als anstößig empfunden werden. Unter anderem soll 75 Mal das Wort 'Fuck' gefallen sein. Da am Ufer Frauen und Kinder Zeugen dieses Schauspiels wurden, wurde der Kanute vor Gericht gestellt und verurteilt.)

In Rochester muss jeder Freund des nassen Elements seinen Badeanzug vorher von einem Polizisten inspizieren lassen.

Nach Klärung der Eigentumsverhältnisse versteht es sich von selbst, dass sich keine Frau ohne die Erlaubnis ihres Mannes die Haare schneiden lassen darf.

In Detroit ist es den Männern gesetzlich verboten, ihre Frauen Sonntags böse anzuschauen.

In Detroit ist es völlig verboten, in einem Auto Sex zu haben. Ausnahme: Das Fahrzeug befindet sich auf dem Privatgrundstück des Paares.

In diesem Bundesstaat darf ein Ehemann seine Frau keinesfalls an einem Sonntag küssen. Sollte er trotzdem dabei beobachtet werden, kann das Bezirksgericht des jeweiligen County ihn dazu verpflichten, im kommenden Kalenderjahr jeden Sonntag öffentlich nützliche Arbeiten zu verrichten.

In Clawson existiert ein Gesetz, welches den Bauern erlaubt, mit ihren Schweinen, Kühen, Pferden, Ziegen oder Hühnern Geschlechtsverkehr zu haben.

In Grand Haven ist es strafbar, einen sexy Unterrock auf die Straße oder den Bürgersteig zu werfen.

Wenn sich ein Räuber beim Einbruch in ihr Haus verletzt, darf er sie verklagen.

Für jeden Rattenkopf der in einem Rathaus abgeliefert wird, erhält man eine Belohnung von 10 Cents.

In Michigan ist es verboten, ein Stinktier in den Schreibtisch des Chefs zu setzen.

In Halethorpe darf ein Kuss nicht länger als 1 Sekunde dauern.

Jede Person, die älter als zwölf Jahre und nicht vorbestraft ist, hat das Recht eine Waffe zu tragen. Dazu kann ein Waffenschein ausgestellt werden.

Detroit: Das vorsätzliche Zerstören Ihres alten Radios ist verboten.

Detroit: Sonntags darf ein Mann zu seiner Frau nicht missmutig sein.

Detroit: Krokodile dürfen nicht an Feuerhydranten angeleint werden.

In Detroit darf ein Schwein nur dann frei umherlaufen, wenn es einen Ring in der Nase hat. Dies verhindert, dass es im Boden nach Nahrung wühlt.

Grand Haven: Niemand darf einen umherliegenden Reifen eines Reifrocks auf die Straße oder den Gehweg werfen. Für jede Tat wird eine $ 5 Strafe erhoben.

Harper Woods: Das Färben von Falken um sie dann als Sittich zu verkaufen, ist verboten.

Soo: Rauchen im Bett ist verboten.

Wayland: Jedermann darf seine Kuh auf der Hauptstraße halten. Die Kosten dafür sind 3 Cents pro Tag.

MINNESOTA

In Minnesota ist es Frauen verboten Nikolauskostüme zu tragen. Machen sie es trotzdem, drohen ihnen bis zu 30 Tage Haft.

In Columbia ist es Kindern unter zwölf Jahren verboten, auch nur ein Wort in einen Telefon zu sprechen, wenn nicht mindestens ein Elternteil danebensteht.

Es ist Kindern verboten, Steine zu werfen, selbst in der freien Natur.

In der Stadt Alexandria darf kein Mann mit seiner Frau schlafen, wenn er aus dem Mund nach Knoblauch, Zwiebeln oder Sardinen riecht. Wenn es seine Frau verlangt, zwingt ihn das Gesetz, sich die Zähne zu putzen.

In dem Städtchen Brainerd wird es allen Männern gesetzlich abverlangt, sich einen Bart wachsen zu lassen.

In Minneapolis ist es verboten in zweiter Reihe zu parken.

Es ist in Minnesota strafbar, sich vor einen fahrenden Zug zu stellen.

In Rochester müssen Badeanzüge durch den Polizeichef untersucht werden.

In Minnesota darf Männer- und Frauenunterwäsche nicht auf derselben Wäscheleine hängen.

In Minnesota ist es ungesetzlich nackt zu schlafen.

Auf dem Rücksitz eines Autos darf kein Gorilla befördert werden.

Bevor nicht alle Fenster geschlossen und sicher verriegelt sind, ist Schnarchen streng verboten.

Ein Gesetz verbietet es Trauernden, während der Totenwache mehr als drei Sandwiches zu essen.

Taxifahrer dürfen während einer Beförderungsfahrt auf den Vordersitzen keinen Sex haben.

Oralsex ist verboten.

Motorradfahrer müssen ein Hemd tragen. Von Helmpflicht ist hingegen nicht die Rede

---

Alle Badewannen müssen Füße haben.

Hibbing: Es ist Aufgabe jedes Polizisten und allen Mitarbeitern der Stadt, die folgende Verordnung durchzuführen: Jede Katze die schnell rennt, auf Strassen, Alleen oder öffentlichen Plätzen gefunden wird, soll getötet werden.

Minneapolis: Rote Autos dürfen die "Lake Street" nicht befahren.

St.Cloud: Sonntags dürfen keine Hamburger gegessen werden.

Virginia: Sie dürfen Ihren Elefanten nicht auf der "Main Street" parken.

Das überqueren der Landesgrenzen mit einer Ente auf dem Kopf ist verboten.

Nach einem 1997 verabschiedeten Gesetz müssen alle offiziellen Landmarken, die den Begriff 'Squaw' enthalten, umgehend umbenannt werden.

(Dieses geschah, nachdem zwei Studenten herausgefunden haben, dass das Wort 'Squaw' in der Sprache der Ojibwa-Indianer 'Vagina' bedeutet und der Bundesstaat Minnesota sich anschließend dazu entschloss, keine 'pornographischen' Landmarken zu 'sponsern'.)

Minneapolis: Katzen ist es gesetzlich verboten, Hunde auf Telefonmasten zu jagen.

MISSISSIPPI

Auf den Startbahnen des Flughafens von Bourbon sind Schildkrötenrennen verboten, weil diese die Piloten von ihrer Arbeit abhalten.

In Tylertown ist es ungesetzlich, sich mitten auf der Hauptstraße zu rasieren.

In Meridian ist es verboten, einen Safe auf seinen Rädern die Straße entlang zu rollen.

Wer in Columbus seine Waffe öffentlich herumschwenkt muss eine höhere Strafe bezahlen, als derjenige der sie benutzt.

Es ist in Canton verboten, im Gerichtssaal ein Eichhörnchen mit einer Pistole zu erschießen.

In Mississippi ist das Rasieren auf der Main Street verboten.

Jeder Bürger der beim Sex mit Biestern oder bei widerlichen oder abscheulichen Sexpraktiken erwischt wird, kommt bis zu 10 Jahre ins Gefängnis.

Viehdiebstahl wird mit Erhängen bestraft.

In der Öffentlichkeit dürfen Männer nicht sexuell erregt sein.

Wenn Sie eine unnatürliche Beziehung mit jemandem haben, werden Sie mit maximal 10 Jahren Gefängnis und $ 10.000 bestraft.

In Oxford ist es verboten, öfters als 100 Mal am Stück um den Marktplatz zu fahren.

Im Umkreis von 50 Feet eines Hauses, dürfen keine Pferde gehalten werden.

Wenn Sie mit jemand Zusammenleben, der nicht Ihr Ehepartner ist, oder wenn Sie eine sexuelle Beziehung mit jemand haben, der nicht Ihr Ehepartner ist, bekommen Sie eine Strafe in Höhe von $ 500 und/oder 6 Monate Gefängnis.

Landstreicherei wird mit entweder 30 Tagen Gefängnis oder mit $ 201 bestraft.

Oxford: Am Marktplatz darf nicht auf die Gehwege gespuckt werden.

Oxford: Auf dem Marktplatz sind Autos verboten.

Oxford: Hupen ist nicht erlaubt, weil es die Pferde erschrecken kann.

MISSOURI

In St. Louis ist es Feuerwehrleuten nicht erlaubt Frauen zu retten, die nur ein Nachthemd anhaben. Nach Ansicht der Richter ist immer genug Zeit um sittliche Kleidung anzuziehen.

In St. Louis ist es illegal, in den Straßen auf dem Bordstein zu sitzen und Bier aus einem Eimer zu trinken.
(Dieses Gesetz bezieht sich auf einen mittlerweile nicht mehr praktizierten Brauch italienischer Einwanderer, an einem bestimmten Tag (Hill Day) Bier aus Eimern zu trinken.)

In St. Louis dürfen Milchmänner im Dienst nicht rennen.

Außerdem bekommt man für das Furzen in Kirchen in St. Louis, obligatorisch eine lebenslange Freiheitsstrafe.

In Merryville ist es Frauen strengstens verboten, ein Korsett zu tragen. Begründung: "Das Privileg, einen kurvenreichen und durch nichts eingeengten Körper einer jungen Frau bewundern zu dürfen, sollte dem normalen amerikanischen Mann nicht verweigert werden."

Frauen in Saco ist es gesetzlich verboten, Hüte zu tragen, welche ängstliche Personen, Kindern oder Tieren Angst einjagen könnten.

In Mole ist das Erschrecken eines Babys strafbar.

In Kansas City ist es Minderjährigen untersagt, eine Spielzeugpistole zu kaufen, die Krach macht. Dafür dürfen sie aber Schrotflinten kaufen.

Marceline: Minderjährige dürfen zwar Tabak und Rollpapier kaufen, aber keine Feuerzeuge und Streichhölzer.

In Excelsior Springs ist das Quälen und Erschrecken von Eichhörnchen verboten.

Jede Stadt darf zur Unterstützung der Stadtkapelle, die Steuern erheben, wenn der Bürgermeister Pikkoloflöte spielt und jedes Kapellenmitglied mit einem Messer Erbsen essen kann.

In Leadwood ist es Piloten verboten, während des Fluges Wassermelonen zu essen.

Filme und Bücher über Robin Hood sind verboten, da sie als kommunistische Propaganda gesehen werden könnten.

In Kansas City ist die Installation von Badewannen mit Füssen, welche Tierpfoten ähnlich sind, ist verboten.

In Purdy ist Tanzen streng verboten.

Oral Sex ist verboten.

Buckner: In dieser kleinen Stadt darf Müll verbrannt werden. Außer Sonntags.

Exelsior Springs: Harte Gegenstände dürfen nicht mit der Hand geworfen werden.

Marquette: Es dürfen nicht mehr als 4 Personen die nicht miteinander verwandt sind, in einem Haus wohnen.

Natchez: Elefanten dürfen nicht mit Bier oder anderen berauschenden Mitteln gefüttert werden.

Universal City: Es ist nicht erlaubt, dass 4 Frauen zusammen eine Wohnung mieten.

MONTANA

Ein Gesetz in Helena verbietet es Frauen, in einem Saloon oder einer Bar auf einem Tisch zu tanzen, wenn sie nicht mindestens 3 Pfund und 2 Unzen (1,415 kg) an Bekleidungsstücken am Leibe tragen.

Frauen, die die Post ihres Mannes öffnen, begehen ein Verbrechen.

In Montana darf ein Mann beim Sex nicht die Brüste seiner Frau küssen.

In Montana ist nur die Missionarsstellung zulässig.
(Das Gesetz wurde aufgehoben).

Ledige Frauen dürfen überhaupt nicht Fischen.

In Montana ist es untersagt, sexuelle Aktivitäten vor dem Haus nach Sonnenuntergang auszutauschen.

In Montana dürfen verheiratete Frauen sonntags nicht zum Fischen gehen.

Es ist einem Schaf verboten, sich ohne eine Begleitung, alleine im Führerhaus eines LKWs aufzuhalten.

Das Aufführen von Filmen, welche verbrecherische Straftaten zeigen, ist verboten.

In Helena darf kein Gegenstand von einer Straßenseite auf die andere geworfen werden.

Wenn 7 oder mehr Indianer eine Straftat oder einen Überfall planen, ist es erlaubt, sie zu erschießen, (Das Gesetz wurde aufgehoben).

Excelsior Springs: Innerhalb der Stadtgrenzen dürfen keine Bälle geworfen werden.

Salisbury: Flaschen die knallen, dürfen nicht auf den Boden geworfen werden.

Whitehall: Fahrzeuge mit Spikes dürfen nicht benutzt werden.

In Montana wird durch ein 'Gesetz gegen abweichende sexuelle Ausrichtungen' Homosexualität unter Strafe gestellt. (1997 setzte der oberste Gerichtshof des Staates dieses Gesetz wg. Verfassungswidrigkeit außer Kraft. Aus den Gesetzesbüchern wurde es trotzdem nicht entfernt. 2003 unternahm ein Abgeordneter den Versuch, das Sodomie-Gesetz endgültig streichen zu lassen. Er scheiterte an dem Wiederstand einiger Kollegen, die es für wichtig hielten, dass dieses Gesetz, obwohl es nicht durchgesetzt werden kann, wegen seiner Symbolkraft erhalten bleibt. Pastor Harris Himes vom 'Big Sky Christian Center' unterstützte die Entscheidung: 'Homosexualität muss in unserem Staat ein Verbrechen bleiben. Man muss den Gesetzgebern Applaus spenden, weil sie es wagen, für ihre christlichen Überzeugungen aufzustehen.')

Es ist verboten lustigen Gesichter auf seine Fensterläden malen.

NEBRASKA

Sämtliche Hotelbesitzer in Hastings sind gesetzlich verpflichtet, jedem Gast ein sauberes und geplättetes Nachthemd zur Verfügung zu stellen. Keinem

Paar, auch keinem Ehepaar, ist es gestattet, nackt miteinander zu verkehren. Sex ist erst legal, nachdem sie sich eines dieser sauberen, weisen Baumwoll-Nachthemden angezogen haben.

Die Gesetze verbieten es in Omaha den Friseuren, einem Mann die Brust zu rasieren.

Eltern können verhaftet werden, wenn ihr Kind während eines Gottesdienstes einen Rülpser nicht zurückhalten kann.

Gemäß einem Gesetz darf eine Mutter ihrer Tochter ohne eine staatliche Lizenz keine Dauerwelle machen.

Nach einem Gesetz dürfen die Besitzer von Bars nur Bier ausschenken, wenn sie gleichzeitig einen Topf Suppe kochen.

In Lehigh ist es verboten, die Löcher aus den Doughnuts zu verkaufen.

Friseuren ist es in Waterloo verboten, zwischen 7 Uhr und 19 Uhr Zwiebeln zu essen.

Das Jagen und Fangen von Walen ist verboten. (Nebraska liegt nicht am Meer)

Omaha: Während der Messe ist das Niesen und Rülpsen nicht erlaubt.

NEVADA

In Las Vegas ist es verboten, Zahnprothesen zu verpfänden.

In Nevada gibt es ein Gesetz, welches den Sex mit Kondom verbietet.

In Nevada ist das Reiten auf einem Kamel auf dem Highway verboten.

Innerhalb des eigenen Grundstücks ist es erlaubt jemanden aufzuhängen wenn er den Hund erschossen hat.

In Eureka werden Frauenlippen vor stacheligen Wangen geschützt. Für Bartträger gilt: Küssen verboten!

In Nyala dürfen Männer niemals für mehr als 3 Personen (sich selbst ausgeschlossen) Getränke kaufen. Dies gilt zu jeder Stunde und Zeit.

Clark County: Das Einführen einer Waffe, die versteckt werden kann, ist verboten, solange sie nicht beim Polizeirevier von Las Vegas registriert ist. Zum

Registrieren muss die Waffe jedoch ins Polizeirevier gebracht werden. Eine Registrierung ist am Wochenende nicht möglich. Die Polizei kann Sie jedoch jederzeit strafrechtlich verfolgen.

Elko: Wenn Sie durch die Straßen laufen, müssen Sie eine Maske tragen.

NEW HAMPSHIRE

Ein Gesetz verbietet es, in einem Café, einer Kneipe oder in einem Restaurant im Takte der Musik mit dem Kopf zu nicken, mit den Füßen zu klopfen oder der Musik sonst wie Aufmerksamkeit zu widmen.

In Trenton ist es verboten, verdorbene Essiggurken wegzuschmeißen.

In Ocean City ist das Schlürfen der Suppe verboten.

Man darf seine Kleidung nicht verkaufen, um Spielschulden bezahlen zu können. Auch dürfen Frauen Männern keinesfalls ihre Kleidung anbieten, um Spielschulden begleichen zu können.

In New Hampshire muss jedes Tier, das über eine Bundesstraße geht, eine Vorrichtung zum Aufsammeln seiner Fäkalien dabei haben.

In New Hampshire ist es sonntags nicht erlaubt, zu flippern oder Essiggurken zu essen.

Wer unter falschem Namen zum Schäferstündchen im Hotel eincheckt macht sich strafbar.

Am Strand ist das Einsammeln von Seegras, Tang, Algen oder Muscheln verboten.

Wer sonntags auf die Toilette geht, darf währenddessen nicht zum Himmel aufschauen.

Das Bedienen von Maschinen ist an Sonntagen untersagt.

White Mountain (Naturpark): Wenn jemand einen Strand harkt, Abfall sammelt, Müll wegwirft, eine Bank baut oder eines von vielen anderen Dingen tut, für die er keine Erlaubnis hat, kann er mit $ 150 bestraft werden. Die Strafe dient zur "Aufrechterhaltung des Parks ohne Erlaubnis".

Es ist ungesetzlich Margarine pink zu färben.

NEW JERSEY

In Cresskill müssen alle Katzen drei Glocken tragen, um Vögeln ihr kommen anzukündigen.

Ungleich schwerer haben es die Pärchen in Liberty Corner. Ertönt beim Herumtollen hinter dem Lenkrad aus Versehen die Hupe, dann droht eine Gefängnisstrafe.

In New Jersey ist es verboten einen Polizisten stirnrunzelnd anzusehen.

In Newark bekommen sie Eiskreme nach 18 Uhr nur auf ärztliche Verordnung.

In New Jersey ist es ein Verbrechen eine Brieftaube aufzuhalten.

Manville: Die Tiere im Zoo dürfen nicht mit Zigaretten oder Alkohol gefüttert werden.

Wird man wegen Trunkenheit am Steuer verurteilt, darf man nie wieder ein Wunschkennzeichen fürs Auto beantragen.

Ocean City: Niemand darf seine Suppe schlürfen. Gästen, die dies trotzdem in einer öffentlichen Gaststätte tun, darf die Suppe weggenommen werden, um sie einem anderen Gast anzubieten.

Während der Fischfang-Saison ist es Männern verboten zu stricken.

Die Selbstbedienung an Tankstellen ist verboten. Alle Tankstellen dürfen nur mit Servicepersonal betrieben werden. Das Personal darf während der Bedienung eines Kunden weder rauchen, alkoholische Getränke zu sich nehmen oder Sex mit dem Kunden haben.

Auf Autobahnen ist das Parken unter Brücken verboten.

Autoverkäufer dürfen ihr Geschäft an Sonntagen nicht öffnen.

Wenn eine Pferdekutsche abgespannt wurde, darf ein Autofahrer nicht daran vorbeifahren.

Caldwell: Auf der Hauptstraße darf man nicht tanzen und keine kurzen Hosen tragen.

Kindern ist es verboten "Zigarettenstummel sammeln" als Hobby zu betreiben

Cranford: Sie dürfen Ihr eigenes Boot nicht in ihrem eigenen Vorgarten abstellen.

Elizabeth: Ohne Petticoat dürfen Frauen an Sonntagen nicht auf der Hauptstraße spazieren.

Newark: Der Verkauf von Eiscreme nach 18 Uhr ist verboten. Es sei denn, der Käufer hat eine Erlaubnis seines Arztes.

Ocean City: An Sonntagen darf nicht geflippert werden.

Ocean City: Rohe Hamburger dürfen nicht verkauft werden.

Sea Isle City: Das Kochen von Knochen ist verboten.

Trenton: Verdorbene Pickles (z.B. Mixed Pickles) dürfen nicht auf die Straße geworfen werden.

Trenton: Sonntags ist das Essen von Pickles verboten.

NEW MEXIKO

In Carlsbad ist es Liebespaaren erlaubt, während der Mittagspause Sex in einem geparkten Wagen zu haben, solange im Inneren Vorhänge angebracht sind, die neugierige Spannerblicke verhindern.

In Carrizoro ist es Frauen verboten, sich unrasiert in der Öffentlichkeit sehen zu lassen. (Gesicht + Beine)

In New Mexiko dürfen die Taschen eines Mannes jederzeit von der Ehefrau durchsucht werden.

In New Mexiko müssen Zeitungen, die den Namen von Personen falsch schreiben, Strafe zahlen.

Aus dem Buch "Romeo und Julia" wurden aufgrund eines Gesetzes 400 Worte entfernt, die einen eindeutig sexuellen Inhalt hatten.

In Las Cruces dürfen auf der Hauptstraße keine Essensbehälter getragen werden.

NEW YORK

Die New Yorker Verkehrsbehörde hat entschieden, dass Frauen die Untergrundbahnen auch 'oben ohne' benutzen dürfen. Ein New Yorker Gesetz be-

sagt, das, wenn ein sich ein Mann irgendwo mit freiem Oberkörper zeigen darf, einer Frau dasselbe Recht zugestanden werden müsse.
(Diese Entscheidung wurde getroffen, nachdem eine Gruppe von Frauen dieses Gesetz in der New Yorker U-Bahn 'getestet' hatte. Ein Polizeisprecher erklärte, dass die Polizei sich mit der Regelung abfinden würde. Sollte aber eine andere Regel verletzt werden, z.B. eine nackte, rauchende Frau in der U-Bahn, würden Maßnahmen ergriffen werden).

In New York ist es Frauen gesetzlich verboten, auf der Straße zu rauchen.

In New York ist es verboten, jemand nur zum Spaß einen Ball gegen den Kopf zu werfen.

In Carmel gibt es ein Gesetz zur Förderung des guten Geschmacks, Männern ist es verboten, das Haus zu verlassen, wenn die Schuhe nicht zum Jackett passen sollten.

In Albany darf in den Straßen kein Golf gespielt werden.

In Greene ist es verboten, auf den Straßen rückwärts zu gehen und Erdnüsse zu essen, wenn ein Konzert stattfindet.

In New York City ist es Männern verboten, Frauen hinterherzuschauen. Wer gegen dieses Gesetz verstößt, wird gezwungen, Scheuklappen für Pferde zu tragen, wann immer er auch spazieren geht. Weiterhin muss er eine Strafe von 25$ entrichten.

Es ist in New York City nicht erlaubt, die Straßen lesend entlangzugehen.

Es darf im Umkreis von 30 m um den Eingang eines öffentlichen Gebäudes nicht gelächelt werden.

Es ist strafbar, irgendetwas Ungesetzliches zu tun.

Es ist verboten, einen Toten wegen seiner Schulden zu verhaften.

In New York ist es verboten, von einem Gebäude zu springen. Tut man es doch, droht einem die Todesstrafe.

In Lidenhurst ist es Frauen untersagt, ihrem Mann eine Dauerwelle zu machen.

Es ist untersagt mit Frauen zu flirten. Wer es trotzdem tut, muss 25 $ Strafe bezahlen.

Es ist ein Verbrechen, eine Schaufensterpuppe nackt in der Auslage eines Geschäftes aufzustellen.

In New York ist das Tragen von Hausschuhen nach 22 Uhr nicht gestattet.

In New York benötigt man zum Aufhängen einer Wäscheleine im Freien eine Genehmigung.

In Brooklyn dürfen Esel nicht in Badewannen schlafen.

Eine New Yorker Ehe kann nur wegen "Unüberbrückbarer Differenzen" geschieden werden, wenn beide Ehepartner damit einverstanden sind.
Widerspricht ein Partner, muss der andere Partner beweisen, dass die Verweigerung der Zustimmung falsch ist.
Fehler können sein:
1. Der Partner ist vor mindestens einem Jahr aus der gemeinsamen Wohnung ausgezogen, oder seit mindestens einem Jahr finden keinerlei sexuelle Aktivitäten statt.
2. Seelische oder Körperliche Grausamkeit. Allerdings reichen Geschrei und Streit nicht aus. Fotos von Gewalttätigkeit sind da eher hilfreich.
3. Der sich weigernde Ehepartner wird für 2 oder 3 Jahre eingesperrt.
4. Ehebruch.

Sonntags darf man nicht Spazierengehen und dabei ein Eis in der Tasche haben.

Wenn Sie in einem Fahrstuhl fahren, müssen Sie mit niemand reden, Ihre Hände falten und zur Türe schauen.

Ab 10 Uhr dürfen keine Pantoffel getragen werden.

Greene: Während eines Konzerts dürfen keine Erdnüsse gegessen werden.

New York City: Sie dürfen niemand Grüßen, indem Sie Ihren Daumen in die Nase stecken und mit den Fingern wackeln.

New York City: Frauen dürfen keine Kleidung tragen die eng am Körper anliegt.

New York City: Im Umkreis von 100 Feet zum Eingang eines öffentlichen Gebäudes darf nicht geraucht werden.

In New York ist es Frauen gesetzlich verboten Stöckelschuhe tragen.

New York City: Frauen dürfen sich barbusig in der Öffentlichkeit aufhalten, vorausgesetzt, dies geschieht nicht aus gewerblichen Gründen.

Ocean City: In Herrschaftlicher Nachbarschaft darf nicht auf den Straßen gegessen werden.

Ocean City: Am Strand darf nur Wasser aus einer durchsichtigen Plastikflasche getrunken werden.

Ocean City: Im Stadtkern dürfen Männer nicht "Oben Ohne" sein.

Staten Island: Das Gießen des Rasens ist nur erlaubt, wenn Sie den Schlauch in der Hand halten.

Staten Island: Einem Vater ist es verboten, seinen Sohn "schwul" oder "Schwuchtel" zu nennen, nur im Bemühen ihn davon abzuhalten, sich weiblich zu benehmen

NORTH CAROLINA

Die Stadt Thomasville verbietet es Flugzeugen, an Sonntagen zwischen 11 und 13 Uhr, über das Stadtgebiet zu fliegen.

In Topsail Beach wird es einem Hurrikan per Verordnung verboten, die Stadtgrenzen zu überschreiten.

In Barber dürfen Katzen nicht mit Hunden kämpfen.

In den Straßen von Ashville ist das Niesen verboten worden.

In Chapel Hill ist es untersagt, öffentlich zu urinieren oder Kot auszuscheiden.

In Charlotte müssen Frauen mindestens 16 Yard (14,63 Meter) Stoff tragen, um ihren Körper zu bedecken.

Wenn ein unverheiratetes Paar sich in einem Hotel einmietet und angibt, verheiratet zu sein, sind sie damit Kraft Gesetz verheiratet.

In North Carolina ist nur die Missionarsstellung ohne Licht und mit geschlossenen Jalousien erlaubt.

Sex auf dem Kirchengelände ist verboten.

Paare dürfen nur dann in einem Hotelzimmer schlafen, wenn die Betten einen Mindestabstand von 60cm haben.

Singen ohne Noten ist verboten.

Der Senat verabschiedete 2001 ein Gesetz das es verbietet, in Gegenwart einer Leiche zu fluchen.

Einen Elefanten zum umpflügen von Baumwollfeldern einzusetzen ist streng verboten.

Oralsex ist gegen die menschliche Natur.

Eine Hochzeit kann annulliert werden, wenn einer der beiden körperlich schwach oder hilflos ist.

Elon College: Auf Straßen oder auf Backsteinen darf nicht Rollschuhe gelaufen werden.
(Alle Gehwege dieser Schule sind aus Backstein)

Forest City: Bevor Sie mit einem Auto in die Stadt fahren, müssen Sie im Rathaus anrufen und Ihre Einfahrt ankündigen. Dies geschieht deshalb, damit die Bewohner ausreichend Zeit haben, Ihre Pferde anzubinden, bis Sie die Stadt erreicht haben.

Greensboro: Restaurants die eine Bewirtung auf dem Gehweg anbieten, müssen Ihre Speisekarte so anbringen, dass sie vom Gehweg aus zu lesen ist, nicht jedoch von der Straße.

Hornytown: Massagesalons sind verboten.

Kill Devil Hills: Beim Radfahren müssen immer beide Hände am Lenker sein.

Rocky Mount: Für Ihren Hund müssen Sie Eigentums-Steuer bezahlen.

Rocky Mount: Rollschuh laufen ist auf Autobahnen verboten.

Von den männlichen Einwohnern der Stadt Macclesfield wird erwartet, dass sie sich bis zum 15. April 2001 einen Bart wachsen lassen. Wer am 15ten ohne Bart oder zumindest ohne einige Stoppeln im Gesicht angetroffen wird, muss mit Arrest oder einer Geldstrafe von $25 rechnen.
(Dieses Gesetz wurde erlassen, um Macclesfield's 100ten Geburtstag im angemessenen Rahmen feiern zu können. Es wird allgemein angenommen, dass das Tragen von Bärten zu besonderen Anlässen eine alte englische Tradition sei.)

In North Carolina ist die Masturbation gesetzlich verboten.

In North Carolina ist es Unverheirateten verboten, vor der Ehe Geschlechtsverkehr auszuüben oder gemeinsam in einer Wohnung zu leben.
(Noch 2001 wurde in North Carolina ein Mann aufgrund dieses fast 200 Jahre alten Gesetzes verurteilt. Jerry Ward musste über 200 DM Strafe zahlen, weil er vor Gericht zugab, mit seiner Freundin Bett und Wohnung zu teilen. Vollstreckt wurde das Urteil von einem ledigen Richter und ordinierten Methodistenprediger, der auch einen Antrag auf Aussetzung der Strafe ablehnte.)

NORTH DAKOTA

In North Dakota darf man immer noch auf Indianer schießen. Allerdings nur von einem Planwagen aus.

In North Dakota wurde einst ein versuchter Selbstmord als Mordversuch angesehen und wurde mit der Todesstrafe bestraft.

Es dürfen Bier und Brezel nicht zur selben Zeit in einem Restaurant serviert werden.

Es dürfen Beschuldigte erschossen werden, sofern sie sich weigern auf die Polizeiwache mitzugehen.

Fargo: Wer beim Tanzen einen Hut trägt, kann dafür ins Gefängnis kommen.

Es ist verboten, sich mit Schuhen hinzulegen und einzuschlafen.

OHIO

In Toledo darf man nicht mit Schlangen nach Personen werfen.

Cleveland: Es ist illegal, eine Maus ohne gültige Jagderlaubnis zu fangen.

Die Stadt Cleveland verbietet per Gesetz, ein Fahrzeug in Betrieb zu nehmen, wenn man dabei auf dem Schoß einer anderen Person sitzt.

In Cleveland dürfen Frauen keine Lackschuhe tragen, da Männer in ihnen eventuell die Reflexion von etwas sehen könnten, was sie besser nicht sehen sollten.

In Oxford ist es Frauen verboten, sich zu entkleiden, wenn sie vor einem Gemälde oder Foto eines Mannes stehen.

Ein Gesetz in Portsmouth stellt Baseballspieler auf dieselbe Stufe wie Stadtstreicher, Diebe und andere zwielichtige Gestalten.

In Paulding darf ein Polizist einen Hund beißen, um ihn ruhig zu stellen.

In Bexley sind das Anbringen und das Benutzen von Spielautomaten in Jugendclubs verboten.

Stillen in der Öffentlichkeit ist in Ohio verboten.

In Clinton County ist das Anlehnen an öffentliche Gebäude strafbar.

In Marion ist es nicht erlaubt, während des Essens rückwärts zu laufen.

In Ironton ist es untersagt, Kleider des anderen Geschlechts zu tragen.

In Xenia ist es nicht gestattet, in eine Salatbar zu spucken.

Fischen mit Sprengstoff ist in Ohio verboten.

In Ohio ist es illegal, einen Fisch betrunken zu machen.

Sonntags und am 4.Juli darf niemand verhaftet werden.

Das Fahrschulgesetz schreibt vor, dass Sie immer Ihre Hupe betätigen müssen, wenn Sie ein anderes Auto passieren.

Am Sonntag ist das Fischen von Walen verboten (Ohio liegt nicht am Meer).

Mit $ 25 wird bestraft, wer am "Decoration-Day" (bestimmter Feiertag) im Umkreis von einer Meile zu einem öffentlichen Redner entweder Kricket spielt oder Hufeisen wirft.

Frauen dürfen in der Öffentlichkeit keine Lederschuhe tragen.

Das Teilnehmen oder Veranstalten von Duellen ist verboten.

Mehr als 5 Frauen dürfen nicht in einem Haus wohnen.

Die Missachtung von wichtigen Gegenständen wird mit $4.000 bestraft. Wichtige Dinge sind: Die USA-Fahne, Denkmäler und Gedenktafeln in jeder Form, Indianer Kunst, alles religiöse, Museen oder deren Inhalte, Gebäude und deren Inhalte wenn es sich um Indianisch genutzte Gebäude handelt.

Die Besitzer von Tigern müssen die Behörden innerhalb einer Stunde informieren, wenn das Tier ausgebrochen ist.

Bay Village: Auf der "Lake Street" dürfen keine Kühe geführt werden.
Cincinnati: Anal Sex ist verboten:

Columbus: Geschäfte dürfen an Sonntagen keine Corn Flakes verkaufen.

Fairview Park: Das übermäßige Nutzen eine Auto Hupe ist verboten. Eine Großmutter wurde bestraft, weil sie einer Nachbarin 2-mal zu gehupt hat.

Fairview Park: In einem Garten mit Bäumen werden zurückgelassene oder vergessene Gegenstände Eigentum der Stadt. (Ein junger Mann wollte aus einem solchen Garten etwas entfernen und wurde dafür bestraft, obwohl er die Erlaubnis des Eigentümers hatte.)

Lima: Alle Landkarten auf denen die Stadt "Lima" nicht verzeichnet ist, dürfen nicht verkauft werden.

Lowell: Die Höchstgeschwindigkeit für Pferde beträgt 5 mph.

North Canton: Ohne vorher die Polizei zu informieren, ist das "Roller Blade" fahren verboten.

McDonald: Auf der Hauptstraße ist das Treiben von Gänsen verboten.

Paulding: Um einen Hund zur Ruhe zu bringen, darf ein Polizist den Hund beißen.

Ein Gesetz aus Cuyahoga Falls, verbietet es allen Tieren, innerhalb der Stadtgrenzen den Ruf der Natur zu folgen. (2002 aufgehoben)

Ende 2001 schlug ein Ratsmitglied aus Cleveland, Ohio vor, die bei Jugendlichen beliebten tiefhängenden 'Halbmast-Hosen' gesetzlich verbieten zu lassen. Träger solcher Hosen sollten mit einer spürbaren Geldstrafe bestraft werden.

Das Cleveland City Council erließ Mitte 2005 ein Stadtgesetz, welches die Betreiber von Peep-Shows und Erwachsenenbuchläden dazu verpflichtet, Kameras in den Zuschauer-Kabinen zu installieren, die verhindern sollen, dass Besucher die Darbietungen in der in solchen Etablissements üblichen Art und Weise genießen. Die dazugehörigen Kontrollmonitore müssen für alle gut sichtbar in dem Ladenlokal aufgestellt und ständig kontrolliert werden.
(Die Kameras müssen so angebracht werden, dass sie den Bereich zwischen Hals und Knie erfassen. Sollte ein Kunde Hand anlegen, müssen die Angestellten dies unverzüglich verhindern oder die Polizei einschalten. Die Überwachungsvideos müssen für Kontrollzwecke fünf Tage aufbewahrt werden.)

Youngstown: Auf dem Dach eines Taxis mitzufahren ist verboten.

OKLAHOMA

In Tulsa darf eine Softdrink-Getränkeflasche nur unter Aufsicht eines staatlich geprüften Ingenieurs geöffnet werden.

Ein Gesetz in Clinton verbietet das Masturbieren, wenn man ein Pärchen beim Sex im Auto beobachtet.

Es ist gesetzlich untersagt, am Steuer eines Autos ein Comic zu lesen.

In Oklahoma ist die Jagd auf Wale im ganzen Staat verboten (Oklahoma liegt nicht am Meer).

In Hartshore wird es als illegal erklärt, eine hypnotisierte Person in einem Schaufenster abzustellen.

In der Innenstadt von Oklahoma City ist das Rückwärtslaufen während dem Essen verboten.

In Yukon ist es ihre Pflicht immer zu hupen, wenn sie ein anderes Auto passieren.

In Oklahoma dürfen keine Taschentücher auf der Rückbank eines Autos zurückgelassen werden

---

Die Belästigung von Autos ist strafbar.

Leute, die in Ada die Kleidung der "New York Jets" tragen, landen im Gefängnis.

In Oklahoma ist Sex vor der Ehe strafbar.

In Oklahoma ist das Abbeißen von einem Hamburger eines anderen verboten.

Schulter: Frauen dürfen nicht Spielen (Glücksspiel) wenn sie nackt sind oder nur mit Dessous oder Badetuch bekleidet sind.

Elefanten dürfen nicht in die Innenstadt von Schulter mitgenommen werden.

Wer Hunden Grimassen schneidet, wird mit einer Geldstrafe belegt.

Hunde brauchen, um sich in Gruppen zu Fünf oder mehr auf Grundstücken zu versammeln, eine schriftliche Genehmigung des Bürgermeisters.

Frauen ist es verboten sich selbst die Haare zu schneiden.

In Wynona darf man an Vogelbädern weder sein Maultier Tränken, noch seine Wäsche darin waschen.

In Oklahoma verstößt es gegen das Gesetz, die Hinterbeine eines Nutztieres in seine Stiefel zu stellen.

In diesem Bundesstaat darf man keine Waffe öffentlich sichtbar tragen, es sei denn, man wird von einem Indianer verfolgt.

Die Einwohner müssen Steuern für Ihre Möbel und das Eigentum Ihrer Hausangestellten bezahlen. (Das Gesetz wurde aufgehoben)

Fahrzeuge müssen außerhalb von Gebäuden angeleint werden.
(Das Gesetz wurde aufgehoben)

Oral Sex wird mit $ 2.500 und ein Jahr Gefängnis bestraft.

Prostituierte die dafür bestraft wurden, Freier anzusprechen (das ist verboten), werden im Fernsehen mit Nennung des Namens und mit Foto gezeigt.

Wenn ein Mann (älter als 18 Jahre) mit einer Jungfrau (jünger als 18 Jahre) Sex hat, ist das vor dem Gesetz eine Vergewaltigung. War die Frau keine Jungfrau mehr, ist es erlaubt, wenn sie älter als 16 Jahre war. Wenn beide jünger als 18 Jahre sind, gilt das Gesetz nicht.

Tätowierungen sind verboten.

Das Spucken auf den Gehweg ist verboten.

Im Bett ist das Tragen von Schuhen verboten.

Wynona: Maultiere dürfen nicht aus einem Vogel-Bad trinken.

Wynona: In einem Vogel-Bad dürfen keine Kleidungsstücke gewaschen werden.

Yukon: Vor der Stadthalle dürfen keine Pferde angebunden werden.

Yukon: Wenn Sie ein anderes Fahrzeug passieren, müssen Sie hupen.

Patienten dürfen ihren Zahnärzten keine Zähne ziehen.

OREGON

Frauen dürfen in Oregon nicht Ringen.

In Willowdale ist es ungesetzlich, wenn der Ehemann während des Geschlechtsverkehres flucht oder seiner Frau Obszönitäten ins Ohr flüstert.

In Klamath Falls ist es verboten, den Bürgersteig entlangzugehen, und dabei den Kopf einer Schlange mit einem Stock im Vorbeigehen abzuschlagen.

In Klamath Falls ist es ungesetzlich unter Wasser zu pfeifen.

In Klamath Falls dürfen keine Inline-Skates in öffentlichen Toiletten tragen.

In Hood River ist jonglieren ohne Erlaubnis strikt untersagt

In Stanfield ist es Tieren untersagt, sich innerhalb der Stadtgrenzen zu begatten.

Geschirr darf nicht feucht, sondern muss trocken sein.

Selbstbedienung an Tankstellen ist verboten.

Das Baden in unpassender Badekleidung ist verboten. Passende Badekleidung ist etwas, das den Körper vom Hals bis zu den Knien bedeckt.

Dosenmais darf nicht als Köder beim Angeln benutzt werden.

Es ist untersagt, mit einem Kopfsprung in ein öffentliches Schwimmbecken zu springen. Beim Absprung muss eine Hand auf dem Startblock ruhen. Dann muss mit den Füßen zuerst ins Becken gesprungen werden. Ausnahme: der Startsprung bei einem Wettkampf.

Es ist ihnen verboten, die Details ihrer medizinischen Behandlung herauszufinden. Unabhängig ob diese Details gesprochen oder aufgeschrieben sind. Selbst ein Gericht hat dazu kein Recht. Alles, was Sie erfahren dürfen, ist das was Arzt oder Krankenschwester freiwillig auf Ihren Krankenschein schreibt.

Kauf und Verkauf von Marihuana ist verboten. Allerdings ist das Rauchen davon auf einem Privatgrundstück erlaubt. Ebenso ist der Anbau erlaubt, wenn die Anbaustelle von einer Wuchsreihe „natürlicher" Pflanzen eingesäumt ist.

Sonntags darf kein Eis gegessen werden.

Beaverton: Bevor Sie eine Alarmanlage einbauen, müssen Sie eine Genehmigung kaufen, die $ 10 kostet.

Myrtle Creek: Der Boxkampf mit einem Känguru ist verboten.

Eugene: Das Veranstalten von Autorennen und das Vorführen von Filmen sind sonntags verboten. (Das Gesetz wurde in den 70er Jahren aufgehoben)

Portland: Die Hochzeit in einem fahrenden Zug ist gegen das Gesetz. (Das Gesetz wurde 1989 aufgehoben)

Portland: Das Tragen und Benutzen von Rollschuhen ist in Restaurants verboten.

Marion: Minister dürfen vor einer Rede weder Knoblauch noch Zwiebeln essen.

Springfield: Das Halten von Reptilien als Haustier ist innerhalb der Stadtgrenzen verboten. Davon ausgenommen sind Schulen und Städte.

Stanfield: Handtuchspender in Toiletten sind verboten.

Stanfield: Maximal 2 Personen dürfen sich ein Getränk teilen.

PENNSYLVANIA

Vor etlichen Jahren wurde in Pennsylvania von der "Bäuerlichen Anti-Automobil-Gesellschaft" folgendes Regelwerk aufgestellt:
1. Bei einer Nachtfahrt über Landstraßen müssen alle Autofahrer jede Meile anhalten, eine Leuchtrakete abfeuern und 10 Minuten warten, damit die Strasse geräumt werden kann.
2. Wenn ein Fahrer eine Gruppe von Pferden sieht, muss er anhalten und sein Fahrzeug mit einer Decke abdecken, die farblich in die Landschaft passt.
3. Wenn sich ein Pferd weigert, das Auto zu passieren, muss der Fahrer sein Wagen von der Straße entfernen und in den Büschen verstecken. (notfalls auch in Einzelteile zerlegen)

Selbst beim Rasensprengen muss man laut einem Gesetz in York stramm stehen. Faules herum sitzen ist dabei verboten.

Das Gesetz enthält eine Regelung, die es untersagt, in Badewannen zu singen.

Ein spezielles Reinigungsgesetz verbietet es Hausfrauen, Dreck und Staub unter den Teppich zu kehren.

In Morrisville benötigt eine Frau eine behördliche Genehmigung, wenn sie sich Schminken will. Eine Genehmigung des Ehemannes reicht nicht aus!

In Tarentum dürfen keine Pferde an Parkuhren gebunden werden.

Aufgrund eines Gesetzes darf kein Mann ohne eine schriftliche Genehmigung seiner Frau Alkohol kaufen.

In Harrisburg ist es gesetzlich untersagt, in einem Zollhäuschen mit einem Fernfahrer der Liebe nachzugehen.

Es ist verboten, während einer Hochzeit einen Revolver, eine Kanone oder andere Explosivwaffen abzufeuern.

Es ist Piloten verboten, weiblichen Flugschülerinnen mit einem Staubwedel unter dem Kinn zu streicheln, um ihre Aufmerksamkeit zu erregen. So eine Regel in Columbia.

Es ist in Allentown verboten, eine Erregung in der Öffentlichkeit zu haben.

In Allentown müssen Hydranten eine Stunde vor dem Ausbruch eines Feuers kontrolliert werden.

Es ist nicht erlaubt, dass mehr als 16 Frauen in einem Haus wohnen, da es sonst als Bordell angesehen wird. Allerdings dürfen bis zu 120 Männer in einem Haus wohnen, ohne sich strafbar zu machen.

In Connellsville ist es strafbar, seine Hose so tief zu tragen, dass die Unterwäsche sichtbar ist.

In Pennsylvania dürfen Feuerwerksläden an ihre Einwohner keine Feuerwerke verkaufen.

In Atloona darf ein Babysitter nicht den Kühlschrank seiner Arbeitgeber reinigen.

In Pittsburgh ist das Schlafen auf einem Kühlschrank außerhalb eines Gebäudes verboten.

Waffengeschäfte dürfen keine Waffen an Einwohner des Staates verkaufen.

Das Fischen mit Hilfe von Dynamit ist verboten.

Wer an einem Duell teilgenommen hat, kann nicht Gouverneur des Staates werden.

Auf Ihrem Privatgrundstück dürfen Sie ohne Erlaubnis fischen. Das Jagen ist jedoch genehmigungspflichtig.

Schnapsläden dürfen nur vom Staat betrieben werden.

Hochzeiten dürfen nicht durchgeführt werden, wenn entweder die Braut oder der Bräutigam betrunken ist.

Sie dürfen höchstens 2 Paket Bier auf einmal kaufen, es sei denn, Sie kaufen bei einem offiziellen "Bierhändler".

Autoverkaufen ist an Sonntagen verboten.

Das Fangen von Fische mit der bloßen Hand ist verboten.

Carlisle: Die Gebühr für einen Parkplatz in der Stadtmitte kostet jährlich $ 50. Wegen der Reinigung der Straßen müssen nachts jedoch alle Fahrzeuge entfernt werden. Das Gesetz gilt auch dann, wenn Schnee oder Eis die Entfernung des Fahrzeugs unmöglich machen.

Millville: Streunende Hunde dürfen nicht erschossen werden.

Newton: Jeder installierte Schalter oder Sicherung (für ca. 59 Cents erhältlich), kostet eine elektrische Inspektionsgebühr von $ 1 und 33 Cents.

Pittsburgh: Die Beförderung eines Affen oder Maultiers mit einem Handwagen ist verboten.

Ridley Park: Während einer Vorstellung ist es verboten, vor der Stadthalle rückwärts zu gehen und dabei Erdnüsse zu essen.

Die Gemeinde Locust in Pennsylvania verbietet es ihren männlichen Einwohnern, in der Öffentlichkeit mit einer Erektion herumzulaufen. Zuwiderhandelnde können mit bis zu 3 Monaten Knast bestraft werden.
(Durch diese 2002 in Kraft getretene Regelung soll, so die Verantwortlichen, 'die Gesundheit, Sicherheit und Moral der Gemeinde' geschützt werden.)

RHODE ISLAND

In der Stadt Providence ist es verboten, an einem Sonntag Zahnbürste und Zahnpasta an denselben Kunden zu verkaufen.

In Providence ist es untersagt, transparente Kleidung zu tragen.

Tulsa beschreitet in Sachen 'Kuss-Gesetze' einen Mittelweg: Küsse über drei Minuten sind verboten.

In Newport darf nach Sonnenuntergang keine Pfeife mehr geraucht werden.

Niemand darf Modellbauflugzeugkleber an Personen unter 21 Jahren verkaufen oder liefern.

In Rhode Island dürfen behinderte Menschen, die in Regierungsdokumenten, Gesetzen oder sonstigen amtlichen Schriften vorkommen, nur mit dem Ausdruck: "Menschen mit Behinderung" beschrieben werden. Selbst Ausdrücke wie "leidet an", "Blinder", "Tauber", "Epileptiker" oder "Opfer" sind verboten.

In West Warwick ist es verboten an geraden Kalendertagen den Garten zu bewässern. Macht man es trotzdem muss man zwischen 25 $ und 100 $ Strafe bezahlen.

Das Auffordern oder Annehmen eines Duells kann mit 1 - 7 Jahre Gefängnis bestraft werden. Auch wenn das Duell nie ausgetragen wird.

Eine Heirat wird annulliert wenn einer der beiden Eheleute ein Idiot bzw. verrückt sein sollte.

Vor kurzer Zeit wurden alle Küstengewässer von Rhode Island zu "Abwasserfreien Zonen" erklärt. Damit sollte erreicht werden, dass Schiffe kein Abwasser in die Gewässer leiten. Allerdings war schon bisher das Einleiten von ungeklärtem Abwasser verboten. Mit diesem Gesetz wurde nun erreicht, dass auch das Einleiten von geklärtem Abwasser verboten ist. Somit sind die Schiffe gezwungen, Ihre Reinigungssysteme abzuschalten und Ihr ungeklärtes Abwasser zu einer Kläranlage an Land zu bringen. Da aber das Abwasseraufkommen der Schiffe höher ist, als die Kapazität der öffentlichen Kläranlagen, wird nun von diesen aus, gereinigtes und ungereinigtes Abwasser in die Gewässer eingeleitet.

Pferderennen oder Geschwindigkeitstests auf Autobahnen sind verboten und werden höchstens $ 20 und 10 Tage Gefängnis bestraft.

Jegliche Arbeit, Beschäftigung, Sport, Erholung oder Spielen, aber auch das Ermöglichen des genannten ist für Kinder, Lehrlinge und Diener an Sonntagen verboten. Die erste Strafe liegt bei $ 5 und im Wiederholungsfall bei $ 10.

Wenn die Automatik eines Autos auf "Neutral" steht oder beim Schaltgetriebe die Kupplung ausgerückt ist, darf mit diesem Auto nicht Bergabwärts gefahren werden.

Newport: Pfeife rauchen nach Sonnenuntergang ist verboten.

Providence: Ein Gnadengesuch zur Befreiung von Eigentumssteuern kann auch wegen Armut oder Krankheit nicht eingereicht werden.

SOUTH CAROLINA

Es ist verboten an Sonntagen Alkohol zu kaufen.

In Chester ist es verboten ein Geschäft zu eröffnen das Alkohol verkauft, wenn es näher als 100 Meter von einer Kirche entfernt ist

---

In South Carolina ist es verboten sich tätowieren zu lassen.

In Charleston kann einem Häftling ein Dollar für die Reise zum Gefängnis in Rechnung gestellt werden.

In Charleston darf die Feuerwehr, wenn nötig, die Häuser von Bewohnern in die Luft sprengen, um so eine Brandschneise zu schlagen.

In Spartanburg ist es verboten, auf dem Magnolia-Street-Friedhof Wassermelonen zu essen.

In Lancaster County ist Tanzen in der Öffentlichkeit nicht erlaubt.

In South Carolina ist es untersagt, ohne schriftliche Genehmigung, in der öffentlichen Kanalisation herumzukriechen. Tut man es doch, drohen einem 100 $ Strafe oder 30 Tage Gefängnis.

Ohne offizielle Erlaubnis darf niemand in Abwasserkanälen schwimmen.

Jeder pflichtbewusste Bürger muss zum sonntäglichen Gottesdienst eine Schusswaffe mitbringen.

Umkehren und Wenden in einer Entfernung von 300 Metern bzw. näher zu einer Kreuzung ist verboten.

Wird versehentlich jemand getötet, der sich gerade selbst umzubringen wollte, so gilt das als ein Schwerverbrechen.

Ein Pferd darf nicht in der Badewanne gehalten werden.

Beim Annähern mit dem Auto an eine Kreuzung muss in 80 Metern zur Kreuzung 3-mal in die Luft geschossen werden.

Es ist absolut korrekt, wenn Sie Ihre Frau Sonntags auf den Stufen des Gerichtsgebäudes schlagen.

Oral Sex ist sowohl passiv als auch aktiv verboten.

In einer halben Meile Umkreis von einer Kirche dürfen nur Früchte verkauft werden.

Tanzlokale dürfen an Sonntagen nicht öffnen.

Wahrsager brauchen eine spezielle Genehmigung des Staates.

Wenn ein Mann einer unverheirateten Frau die Hochzeit verspricht, muss er sie heiraten.

Sie dürfen keine obszönen Dinge zu einer Frau sagen. Dabei gilt die Nennung jedes Körperteils als obszön!

Das Umkehren und Wenden im Abstand von 300 Metern und näher zu einer Kreuzung ist verboten.

Sonntags dürfen keine Musikinstrumente verkauft werden.

Das Umkehren und Wenden im Abstand von 300 Metern und näher zu einer Kreuzung ist verboten.

Sonntags dürfen keine Musikinstrumente verkauft werden.

Sonntagsarbeit ist generell verboten. Auch, wenn jemand an Sonntagen in seinen Privaträumen arbeitet, kann er dafür belangt werden. Lediglich der Verkauf von Glühbirnen ist gestattet.

Die Flagge der Südstaaten darf nicht auf dem Gerichtsgebäude gezeigt werden.

Charleston: Auf der "King Street" dürfen keine motorisierten Fahrzeuge benutzt werden.

SOUTH DAKOTA

In der Stadt Sioux Falls muss jedes Hotelzimmer mit 2 Betten ausgestattet sein. Es ist vorgeschrieben, das zwischen den Betten mindestens ein Abstand von zwei Fuß (60 cm) bestehen muss, wenn ein Paar einen Raum nur für eine Nacht mietet. Es ist weiterhin untersagt, auf den Boden zwischen den Betten Liebe zu machen.

Eine Gruppe von mehr als zwei Indianern dürfen erschossen werden, wenn sie in South Dakota eine Straße entlang gehen.

Teenager können, sollten sie beim Rauchen erwischt werden, mit einer Geldstrafe für jede angezündete Zigarette belegt werden.

Sollten sich mehr als 5 Indianer auf einem Grundstück aufhalten darf der Eigentümer sie erschießen!

Nur Pferde die Schuhe tragen dürfen das Gasthaus "Fountain Inn" betreten.

Filme, in denen Polizisten bedrängt, geschlagen oder in einer anderen Weise aggressiv behandelt werden, dürfen nicht aufgeführt werden.

In einer Käsefabrik ist es verboten, sich hinzulegen und einzuschlafen.

TENNESSEE

Frauen dürfen nur hinter dem Steuer sitzen und fahren, wenn ihr Mann vor dem Auto herläuft und zur Warnung eine rote Fahne schwenkt.

Wale sind das einzige Wild, dass von einem Wagen aus erlegt werden darf.

Das Fangen von Fischen mit dem Lasso ist verboten.

Die Stadt Dyersburg verfügt über eine Verordnung, welche es den Frauen untersagt, einen Mann zwecks eines Dates anzurufen, bzw. aufzufordern.

Eine Person, die ein Duell verweigert hat, einen 'Feigling' zu nennen, ist gesetzlich untersagt.

In Tennessee ist es verboten, schlafend Auto zu fahren.

Kinder dürfen ihren Bauchnabel nur piercen lassen, wenn sie die elterliche Zustimmung haben.

Jugendliche sind mit 16 Jahren ehemündig. Weibliche Jungfrauen dürfen sogar schon mit 12 heiraten.

In Memphis ist es den Fröschen verboten, nach 23 Uhr zu quaken.

In Tennessee bricht man das Gesetz, wenn man ausgehöhlte Baumstämme verkauft.

Bei mehr als 8 Frauen die in einem Haus wohnen gilt das Haus als Bordell ... und Bordelle sind im Staat verboten.

Aktiver oder Passiver Oraler Sex ist immer noch verboten.

Verbrechen "gegen die Natur" sind verboten. (bezieht sich hauptsächlich auf Sexuelle Bereiche)

Pferdediebstahl wird mit Erhängen bestraft.

Fayette County: Auf einem Privatgrundstück dürfen nicht mehr als 5 Schrott-fahrzeuge gelagert werden.

Lenoir City: Wenn Sie an ein Stoppzeichen fahren, müssen Sie zur Warnung der Pferdekutschen zuerst Ihre Waffe durch das Fenster abfeuern.

Lexington: Auf den Gehweg spucken oder auf dem Gehweg Eis essen ist verboten.

Knoxville: Alle Geschäfte müssen vor ihrem Eingang eine Haltestelle vorweisen.

Memphis: Bettler müssen erst eine Erlaubnis für $ 10 erwerben, bevor sie im Stadtgebiet von Memphis betteln dürfen. (Das Gesetz wurde 1996 verabschiedet)

Memphis: Kuchen darf nicht an andere Mitesser weitergegeben werden. Ausserdem ist es verboten, Reste des Kuchens mit nach Hause zu nehmen. Es muss alles vor Ort gegessen werden.

Nashville: Männer dürfen in der Öffentlichkeit nicht sexuell erregt sein.

Oneida: Das Lied " It ain´t Goin´To Rain No Mo`" darf von niemand gesungen werden.

Memphis: an Sonntagen ist das Jo-Jo spielen auf der Straße verboten

TEXAS

Auf dem Flughafengelände von Kingsville ist Schweinen der Geschlechtsverkehr gesetzlich untersagt.

In Lefors verstößt man gegen das Gesetz, wenn man im Stehen mehr als drei Schluck Bier zu sich nimmt.

In San Antonio ist es verboten, durch Blickkontakt oder durch Handsignale zu flirten oder auf Flirtsignale zu reagieren.

In Texas ist das Furzen in Fahrstühlen verboten.

In Borger dürfen folgende Dinge nicht geworfen werden: Konfetti, Gummibälle, Feuerwerkskörper, Staubwedel und Peitschen.

Es ist texanisches Gesetz, das, wenn sich zwei Züge an einem Bahnübergang begegnen, beide Züge halten müssen und die Fahrt nicht eher wieder fortsetzen dürfen, bis der andere passiert hat.
(Dieses Gesetz wird folgendermaßen erklärt: Ein Senator des Staates Texas wollte um jeden Preis die Verabschiedung eines Gesetzes verhindern. Um dieses zu erreichen, fügte er diese unsinnige Regelung mit ein. Er hoffte, das Gesetz würde nun aufgrund offensichtlicher Lächerlichkeit nicht verabschiedet. Aber seine Rechnung ging nicht auf, das Gesetz wurde in dieser Form rechtskräftig.)

Ein Gesetz verbietet es den Bürgern, am Wahltag mit einem Schwert oder Speer bewaffnet im Wahllokal zu erscheinen.

Nach einer Verordnung dürfen nur solche Personen barfuß gehen, welche vorher eine besondere Erlaubnis für 5 Dollar gekauft haben.

In Clarendon ist es verboten, in einem öffentlichen Gebäude mit einem Feder-Staubwedel abzustauben.

Ein 1837 in Texas verabschiedetes und erst 1974 aufgehobenes texanisches Gesetz erlaubte es allen Ehemännern, einen auf frischer Tat ertappten Liebhaber ihrer Frau folgenlos zu erschießen.

In Temple ist es erlaubt, Viehdiebe auf der Stelle zu erhängen.

In Mesquite ist es Kindern verboten, ungewöhnliche Haarschnitte zu haben.

In Texas dürfen Hühner Sex mit Menschen haben. Umgekehrt ist es verboten.

Der Besitz von (fast allen) Dildos ist in Texas verboten.

In Texas ist der Erwerb von Bier nach Sonntag Mitternacht verboten. (Erst ab Montag 0 Uhr ist es wieder erlaubt).

In Texas ist es erlaubt, mit dem Pferd in einen Saloon zu reiten.

In Texas ist es verboten, aus dem zweiten Stock eines Hotels auf einen Büffel zu schießen.

In Texas ist die Encyclopedia Britannica verboten, weil sie ein Rezept zum häuslichen Bierbrauen enthält.

In Texarkana darf man Pferde nachts nur reiten, wenn sie Rücklichter tragen.

Wer die Kuh einer anderen Person melkt, begeht eine Straftat.

In Texas ist es ungesetzlich vor einer Leiche zu fluchen oder sich unanständig zu entblößen.

Es ist verboten Graffitis auf fremde Kühe zu sprühen.

Ein Gesetz zur Verbrechensbekämpfung verlangt, von jedem Kriminellen sein Opfer mindestens 24 Stunden vor der Tat entweder mündlich oder schriftlich über die Art des geplanten Verbrechens zu unterrichten.

Das texanische Parlament hat einem Gesetzentwurf zugestimmt, der dem Auftritt von weiblichen Tanzgruppen bei Sportfesten enge Grenzen setzt. Statt die Sportler mit aufreizenden Tänzen anzuspornen, sollten sich die Mädchen auf züchtigere Darbietungen beschränken, fordern die Abgeordneten.
Austin - Bei der Abstimmung habe es zwar viel Gelächter gegeben, aber der Entwurf wurde mit 65 zu 56 Stimmen verabschiedet, schreibt die Lokalzeitung "Star Telegram" in ihrer heutigen Ausgabe. Bevor das Gesetz in Kraft treten kann, muss der Senat noch zustimmen. Mit dem Gesetz würde den so genannten Cheerleadern, die Zuschauer bei schulischen Sportveranstaltungen in den Pausen mit Tanzdarbietungen unterhalten, aufreizendes Tanzen verboten werden.
"Das Gesetz würde letztlich verlangen, dass wir aufhören unsere jungen Mädchen auszubeuten", hatte der Initiator des Gesetzes, der demokratische Abgeordnete Al Edwards, seinen Entwurf verteidigt. Der Pastor gilt als rigoroser Kämpfer gegen den moralischen Verfall. So habe er sich schon einmal dafür eingesetzt, Drogendealern Finger abzuhacken, berichtete der "Houston Chronicle".
Kritik kam prompt von mehreren Seiten. Edwards Parteifreundin Senfronia Thompson nannte das Gesetz "peinlich und beleidigend". Will Harrel, Direktor der Amerikanischen Bürgerrechtsorganisation in Texas, sagte dem "Star Telegram": "Diese umfassende und moralisch restriktive Gesetzgebung erinnert mich an die Taliban."

Das Fahren ohne Scheibenwischer ist verboten. Sie brauchen keine Windschutzscheibe, aber Scheibenwischer sind müssen sein.

Wenn man von einem Polizisten beobachtet wird, darf man während der Fahrt keinen Alkohol trinken.

Abilene: Innerhalb der Stadtgrenzen ist das "herumtreiben" verboten, wenn es als Ziel "Flirten" hat.

Austin: Kabelschneider dürfen nicht in den Taschen getragen werden.

Beaumont: An der Lamar Universität ist Football spielen verboten.

El Paso: Kirchen, Hotels, Geschäftshäuser, Geschäfte, Märkte, Banken, Bahnhöfe und Saloons müssen ausreichend Spucknäpfe haben, die groß genug sind, um die erforderliche Menge aufzunehmen.

Houston: Es ist nicht erlaubt an Sonntagen Limburger Käse, Gänseleber oder Roggenbrot zu kaufen.

Galveston: Auf der Hauptstraße darf bis Mittag 12 Uhr nicht mit Autos gefahren werden.

Jasper: Hunde müssen immer angeleint sein. $ 100 Strafe.

Port Arthur: Wenn Sie den Fahrstuhl benutzen, dürfen Sie nicht stinken bzw. keine widerlichen Gerüche abgeben.

Richardson: Das Anbringen eines Schildes "Zu Verkaufen" an einem Auto, ist nur dann erlaubt, wenn das Schild nicht von der Straße aus sichtbar ist.

Richardson: Auf der Straße wenden ist verboten.

San Antonio: Es ist beiden Geschlechtern verboten, mit Händen oder Augen zu flirten bzw. mit Händen oder Augen auf Flirten zu reagieren.

San Antonio: In den Fluss "Alamo" zu pinkeln ist verboten.

Temple: Niemand darf mit dem Pferd oder der Kutsche durch den Marktplatz fahren.

In Dallas Texas müssen Hunde nachts rote Rücklichter tragen

Laut Verfassung ist der Gouverneur des Staates Texas verpflichtet, die Grenzen seines Staates gegen das feindliche Eindringen von Indianern und anderen räuberischen Banden zu sichern.
(Bei einer Volksabstimmung stimmten die Texaner 2001 dafür, den entsprechenden Paragrafen aus der mehr als 100 Jahre alten Verfassung zu streichen.)

Den städtischen Angestellten der texanischen Kleinstadt Argyle (2300 Ew.) war es verboten, während der Arbeitszeiten zu tratschen und zu lästern. Erst im Jahr 2000 wurde diese Verordnung aufgehoben.

UTAH

In Utah haben Vögel auf allen Straßen Vorfahrt.

In Utah ist es illegal, vom Rücken eines Pferdes zu angeln.

Keiner Frau ist es innerhalb der Stadtgrenzen von Tremonton erlaubt, in einem Krankenwagen Sex mit einem Mann zu haben. Wird sie 'auf frischer Tat' ertappt, kann sie eines Sexualvergehens angeklagt werden. Weiterhin muss ihr Name in der Tageszeitung veröffentlicht werden. Der Mann geht straffrei aus, sein Name wird nicht veröffentlicht.

In Utah ist der Ehemann für jedes kriminelle Vergehen seiner Ehefrau verantwortlich, welches sie in seinem Beisein begeht.

In Salt Lake City darf man nicht eine Violine in einer Papiertüte auf der Strasse entlangtragen.

In Provo kostet das Werfen eines Schneeballs 50 $.

In Utah ist jeder Bürger verpflichtet Milch zu trinken.

In Monroe muss beim Tanzen zwischen den Tanzpartnern Tageslicht durchscheinen können.

In den ganzen Vereinigten Staaten ist seit 1916 das Versenden von Gebäuden per Post verboten. Hintergrund: Ein Mann aus Utah hatte 40.000 t Ziegelhaus per Post quer durch Utah verschickt, weil er die hohen Transportkosten vermeiden wollte.

Sobald eine Person 50 Jahre alt ist kann Sie/Er Ihre/n Cousin/e heiraten.

Der Besitz nuklearer Waffen ist erlaubt - das Zünden der Waffe allerdings verboten.

Papageien haben immer Vorfahrt.

Es dürfen keine Getränke mit mehr als 3,2 % Alkohol verkauft werden.

Wale zu jagen ist verboten. (Utah liegt nicht am Meer)

Restaurants dürfen Wein und Mahlzeiten servieren, auch wenn Sie nur nach der Weinkarte gefragt haben,

---

Kaysville: Nach Eintritt der Dunkelheit benötigen Sie einen Ausweis um einen Lebensmittelladen zu betreten.

Logan: Frauen dürfen nicht fluchen.

Salt Lake City: Wenn Sie in einer Bar alkoholische Getränke bestellen, erhalten Sie immer nur eines. Das heißt, der Barkeeper muss 3-mal mit je einem Getränk laufen, wenn Sie 3 Drinks bestellt haben

---

Trout Creek: Apotheker dürfen Schießpulver nicht als Kopfschmerzmittel verkaufen.

VERMONT

In Vermont wird vom Gesetzgeber vorgeschrieben, mindestens ein Bad pro Woche zu nehmen - immer samstagnachts.

In Vermont wird durch Gesetz verboten, was wahrscheinlich eh kein Mensch schaffen dürfte: Unter Wasser zu pfeifen.

Frauen brauchen für Zahnkronen oder Brücken die schriftliche Genehmigung ihres Ehemannes.

In Vermont ist es nicht gestattet, die Existenz Gottes zu bestreiten.

In Vermont ist es illegal, Pferdeurin ohne Genehmigung zu verkaufen.

Ein altes Gesetz schreibt vor, dass Giraffen nicht an Telefonmasten festgebunden werden dürfen.

VIRGINIA

In Norfolk darf keine Frau das Haus verlassen, ohne ein Korsett zu tragen. In früheren Zeiten gab es dafür einen, nur Männern vorbehaltenen Beamtenposten - den Korsett-Inspektor.

In Northfolk müssen Frauen, welche an einer Tanzveranstaltung teilnehmen wollen, ein Korsett tragen.

In Norfolk ist es unerlaubt, Seemöwen zu bespucken.

Außerdem darf man in Norfolk mit einem Gewehr jagen, sofern man sich 15 m über dem Boden befindet.

In Norfolk dürfen Hennen ihre Eier nur zwischen 8 Uhr und 16 Uhr legen.

Kein verheirateter Mann darf an einem Sonntag fliegen.

Keiner Person ist es auf dem Flughafengelände in Upperville erlaubt, auf einem Stuhl sitzend die Sonntagszeitung zu lesen, während ein Gottesdienst stattfindet.

In Richmond gilt selbst der Wurf einer Münze, mit dem ausgelost werden soll, wer die Restaurantrechnung bezahlt, als illegales Glücksspiel und ist verboten.

In Virginia sind Badewannen im Inneren von Gebäuden verboten.

In Culpeper darf man keine Maultiere auf dem Bürgersteig waschen.

In Virginia ist nur die Missionarsstellung erlaubt und nur bei Licht.

Lebanon: Männer dürfen ihre Frauen nicht per Fußtritt aus dem Bett befördern.

Eine Frau zu kitzeln ist verboten.

Einwohner müssen hupen wenn Sie ein anderes Fahrzeug passieren.

Der Verkauf von Kopfsalat ist an Sonntagen verboten. Der Verkauf von Wein und Bier hingegen erlaubt. (das Gesetz wurde aufgehoben)

Sonntagsarbeit ist verboten. (Das Gesetz wurde aufgehoben)

Auf den Gehweg spucken ist verboten.

Unverheiratete Menschen dürfen keine sexuelle Beziehung haben.

Oralsex ist verboten. Analsex gilt als „tierisch" und ist deshalb untersagt.

Barfuß Autofahren ist verboten.

Der Einbau von elektronischen Warngeräten vor Radarfallen der Polizei ist unter Strafandrohung von bis zu 5000 US Dollar verboten. Kauf, Verkauf und Besitz sind nicht verboten.

Dayton: Nach 19 Uhr dürfen keine "farbigen" Menschen innerhalb oder ausserhalb der Stadtgrenzen sein.

Victoria: Auf den Gehwegen der Hauptstraße ist Skateboard fahren erlaubt.

Stafford County: Ein Ehemann hat das Recht, seine Frau auf den Stufen des Gerichtsgebäudes zu schlagen. Allerdings nur vor 20 Uhr.

Virginia Beach: Wenn jemand betrunken Auto fährt und sein Beifahrer ebenfalls betrunken ist, werden beide bestraft.

Virginia Beach: Das Radfahren auf dem Lenker ist verboten.

Waynesboro: Eine Frau darf mit dem Auto nicht auf der Hauptstraße fahren, es sei denn, ihr Gatte läuft voraus und schwenkt zur Warnung eine rote Flagge.

Mit einer Geldstrafe in Höhe von 500 Dollar muss man im US-Bundesstaat Virginia rechnen, wenn man falsche Behauptungen über die Keuschheit einer Frau verbreitet.
(Ende 2001 wurde von zwei Abgeordneten des US-Staats Virginia ein Antrag auf Abschaffung des aus den 20er Jahren stammenden Keuschheitsgesetzes gestellt.)

Kinder über 3 Jahre dürfen in Virginia nicht im Bett ihrer Eltern schlafen. Verstöße gegen dieses Gesetz können mit bis zu 5 Jahren Haft geahndet wer---

---

m US-Bundesstaat Virginia darf zur Kasse gebeten werden, wer sich mit zu tief sitzenden Hosen in der Öffentlichkeit sehen lässt. Insgesamt 60 Abgeordnete sprachen sich für eine Strafe von 50 Dollar für jeden aus, der 'in unzüchtiger oder unanständiger Weise' seine Unterwäsche durch eng anliegende Hüfthosen oder 'Baggy Pants' zur Schau stellt.
(Wenige Tage darauf brachte der Justizausschuss des Senats das Anfang 2005 vom Abgeordnetenhaus verabschiedete Gesetz wieder zu Fall. Die Jugend in Virginia darf zünftig ihre Hosen wieder so tief tragen, wie sie will.)

Im Januar 2001 trat im Bezirk Fairfax mit 20 gegen 19 Stimmen ein Gesetz in Kraft, welches Hausbewohnern verbietet, in anderen Räumen außer dem Schlafzimmer zu schlafen.
(Hintergrund der Regelung sind die hohen Mieten im Großraum Washington. Weil viele kein eigenes Haus finden, kommen sie bei Freunden oder Bekannten unter.)

WASHINGTON

In Wilbur Washington ist es verboten, auf einem hässlichen Pferd durch die Straßen zu reiten.

In Auburn Washington, einer angehenden Geisterstadt ist es Männern verboten, Jungfrauen zu deflorieren. Das Alter oder der Familienstand der Jungfrau ist dabei völlig irrelevant für das Gesetz. Tut er es doch, drohen ihm bis zu fünf Jahre Zuchthaus.

Im Staat Washington ist es unter allen Umständen verboten, mit einer Jungfrau Sex zu haben. Das Gesetz schließt die Hochzeitsnacht mit ein.

In Washington gibt es ein Gesetz, welches festlegt, dass nachts vor jedem Auto ein Mann mit einer roten Laterne hergehen muss.

Jede Stellung ist gesetzlich verboten, nur der Missionar ist erlaubt!

Ein Gesetz zur Verbrechensbekämpfung besagt, dass jeder motorisierte Krimineller mit unlauteren Absichten von der Stadtgrenze aus den Polizeichef anrufen muss, um sein Erscheinen anzukündigen.

In Washington sind alle Lutscher verboten.

Jede Frau kommt in Seattle automatisch für 6 Monate hinter Gittern, wenn sie in einem Zug oder Bus auf dem Schoß eines Mannes sitzt, ohne zuvor ein Kissen zwischen sich und dem Mann platziert zu haben.

Die Stadt Seattle hat eine Verordnung erlassen, die besagt, dass Goldfische in Gläsern nur dann in Bussen transportiert werden dürfen, wenn sie sich nicht bewegen.

In Seattle ist es verboten eine versteckte Waffe bei sich zu haben, die länger als 1,8 m ist.

Es ist strafbar, wenn jemand vorgibt, dass seine Eltern reich sind.

In Bellingham darf eine Frau beim Tanzen nicht mehr als 3 Schritte rückwärts gehen.

In Lydon darf man am selben Ort nicht gleichzeitig Tanzen und Trinken.

Wer in Washington auf die amerikanische Flagge Punktmuster malt, begeht eine Straftat.

In Sponkane ist es verboten sonntags einen Fernseher zu kaufen. Radios dürfen aber gekauft werden.

In Wilbur ist es verboten auf einem hässlichen Pferd zu reiten.

Die amerikanische Flagge zu verschmieren ist verboten.

Sonntags dürfen keine Matratzen gekauft werden.

Alle Autos müssen tagsüber von einer Person, die eine rote Flagge schwenkt begleitet werden. Nachts ist die rote Flagge durch eine Lampe zu ersetzen.

Babys mit der Brust stillen ist in der Öffentlichkeit verboten.

Wenn sich zwei Züge an einer Kreuzung treffen, darf keiner weiterfahren, solange der andere nicht passiert hat.

Sonntags ist der Verkauf von jeder Art Fleisch verboten.

Bremerton: Auf der Straße Erdnüsse zu öffnen ist verboten.

Everett: In Schaufenstern dürfen keine Hypnotisierten oder angeblich Hypnotisierten Menschen zur Schau gestellt werden.

Seattle: Niemand darf das Eigentum eines anderen anzünden, ohne vorher eine Erlaubnis zu erhalten.

Waldron Island: Kein Gebäude darf mehr als eine Toilette besitzen, die mit Trinkwasser versorgt wird.

WEST VIRGINIA

Kinder, welche aus dem Mund nach wildwachsenden Zwiebeln riechen, dürfen nicht die Schule besuchen.

Feuerwehrmännern in Huntington ist es gesetzlich untersagt, an der Wache entlangflanierenden Frauen nachzupfeifen.

In Nicholas County ist es Kirchenmitgliedern gesetzlich untersagt, während des Gottesdienstes von der Kanzel aus Witze zu erzählen.

In West Virginia ist es verboten, im Zug ein Nickerchen zu halten.

In West Virginia dürfen totgefahrene Tiere bei Wildunfällen, mit nach Haus genommen und gegessen werden.
(Nach dem Gesetzesbeschluss gab es plötzlich viele "Wildunfälle")

In West Virginia darf ein Mann seine Cousine nur heiraten, wenn sie jünger als 55 Jahre ist.

Flüstern unter Wasser ist verboten.

In West Virginia dürfen Männer Sex mit Tieren haben, sofern diese nicht mehr als 18 kg wiegen.

Ärzte dürfen Frauen nur in Gegenwart einer dritten Person unter Narkose setzen.

Es darf niemand eine rote oder schwarze Flagge besitzen.

Wenn eine Eisenbahnstrecke eine Ortschaft passiert, welche weniger als eine Meile entfernt ist und mehr als 100 Einwohner hat, muss die Ortschaft einen Bahnhof bauen, damit die Passagiere ein- und aussteigen können.

Wenn Sie im Theater einen Hut tragen, können Sie bestraft werden.

Überfahrene Tiere dürfen nach Hause mitgenommen werden.

Alderson: Das Spazieren führen von Tigern, Löwen oder Leoparden ist verboten, auch wenn sie angeleint sind.

WISCONSIN

In der Kleinstadt Connorsville ist es illegal, wenn ein Mann einen Schuss aus einem Gewehr abfeuert während seine Frau einen Orgasmus hat. Selbst wenn es der erste war.

In Racine ist es illegal, einen schlafenden Feuerwehrmann aufzuwecken.

Das Küssen während einer Zugfahrt, die weniger als zwei Stunden dauert, ist verboten.

Die Bürger dürfen ihre Feinde nicht töten.

In Wisconsin dürfen Frauen nicht die Haare geschnitten werden.

In St. Croix dürfen Frauen in der Öffentlichkeit keine roten Kleider tragen.

In Wisconsin darf kein Apfelkuchen ohne Frischkäse in Restaurants serviert werden.

Kondome dürfen nur unter der Ladentheke verkauft werden, sie gelten als obszön.

In einem Gebäude müssen Urinale manuell gespült werden.

Das Gesetz definiert Vergewaltigung so: Wenn ein Mann mit einer Frau Sex hat, und er weiß, dass sie nicht seine Ehefrau ist. Das bedeutet, dass Frauen nicht wegen Vergewaltigung beschuldigt werden können und Männer, die glauben sie seien mit der Frau verheiratet, ebenfalls nicht.

In den Gefängnissen darf kein Butter-Ersatz serviert werden.

Während man für die Herstellung von Käse eine Erlaubnis braucht, ist für die Herstellung von Limburger Käse eine zusätzliche "Master Cheese Maker" Erlaubnis notwendig.

Autos verkaufen ist an Sonntagen verboten.

Kenosha: Männer dürfen in der Öffentlichkeit nicht erregt sein.

La Crosse: In der "Third Street" dürfen keine Pferde angebunden werden.

La Crosse: In Schaufenstern dürfen keine unbekleideten Mannequins ausgestellt werden.

La Crosse: Das Brettspiel "Dame" darf nicht in der Öffentlichkeit gespielt werden.

Milwaukee: Ein altes Gesetz besagt, dass man nur dann länger als 2 Stunden parken darf, wenn ein Pferd vor dem Wagen eingespannt ist.

Milwaukee: Es ist verboten, in den Straßen Flöte oder Schlagzeug zu spielen, nur um Aufmerksamkeit zu erregen.

Milwaukee: Der Kauf oder das Anzünden von Wunderkerzen ist verboten. Dafür kann man jetzt komplett zerlegte, automatische Maschinengewehre kaufen.

Racine: Ohne männliche Begleitung darf eine Frau nicht nachts auf den Strassen laufen.

WYOMING

Eine Verordnung der Stadt Newcastle untersagt es Paaren, in einem Kühlhaus Liebe zu machen.

In Cheyenne dürfen die Einwohner mittwochs nicht duschen.

In Wyoming dürfen Frauen beim Trinken nicht weiter als 1,5 m von der Theke entfernt stehen.

In Wyoming ist das Fotografieren von Hasen im Juni verboten.

Im Theater oder bei ähnlichen Aufführungen ist das Tragen von Hüten, welche die Sicht der anderen Besucher beeinträchtigt, verboten.

USBEKISTAN

In Usbekistan ist Billard-Spielen gesetzlich verboten.
(Billard wurde 2002 von den Behörden verboten, da das Spiel angeblich die Moral schwäche. Auch das nationale Billard-Team darf nicht mehr trainieren oder an Wettbewerben im Ausland teilnehmen.)

VEREINIGTE ARABISCHE EMIRATE

Vor einer Reise nach Dubai sollten die äußerst strengen Bestimmungen bezüglich Drogen und Medikamenten der VAE beachtet werden. So wurden schon Touristen auf dem Flughafen von Dubai verhaftet, weil an der Kleidung Anhaftungen von Mohnsamen aus einem Mohnbrötchen nachgewiesen wurden.

Printed in Poland
by Amazon Fulfillment
Poland Sp. z o.o., Wrocław

63391454R00068